图解服务的细节
073

いきなり！ステーキ　常識を突き破る、不滅の経営

革新餐饮业态
胡椒厨房创始人的突破之道

[日]一濑邦夫 著
陶小军 张永亮 译

人民东方出版传媒
People's Oriental Publishing & Media
東方出版社
The Oriental Press

图字：01-2018-1189 号

图书在版编目（CIP）数据

革新餐饮业态：胡椒厨房创始人的突破之道 /（日）一濑邦夫 著；陶小军，张永亮 译. —北京：东方出版社，2018. 8
(服务的细节；073)
ISBN 978-7-5060-8898-5

Ⅰ. ①革…　Ⅱ. ①一…　②陶…　③张…　Ⅲ. ①饮食业—商业经营—经验—日本　Ⅳ. ①F719. 3

中国版本图书馆 CIP 数据核字（2018）第 122207 号

服务的细节 073：革新餐饮业态：胡椒厨房创始人的突破之道
(FUWU DE XIJIE 073：GEXIN CANYIN YETAI：HUJIAOCHUFANG CHUANGSHIREN DE TUPO ZHI DAO)

作　　者：[日] 一濑邦夫
译　　者：陶小军　张永亮
责任编辑：崔雁行　高琛倩
出　　版：东方出版社
发　　行：人民东方出版传媒有限公司
地　　址：北京市东城区东四十条 113 号
邮　　编：100007
印　　刷：北京文昌阁彩色印刷有限责任公司
版　　次：2018 年 8 月第 1 版
印　　次：2018 年 8 月第 1 次印刷
开　　本：880 毫米×1230 毫米　1/32
印　　张：5. 375
字　　数：98 千字
书　　号：ISBN 978-7-5060-8898-5
定　　价：58. 00 元
发行电话：(010) 85924663　85924644　85924641

前言

我现在一有机会就对周围的人说“Breakthrough”这个词，它的意思是“突破”。

2013年12月5日，我们公司在银座4丁目开了1号分店，名叫“冷不防！牛排”(IKINARI！STEAK)，招牌商标（LOGO）上的“！”被设计成了火箭图案。它如同飞向宇宙的火箭一样，给人一种“前往人迹罕至的未知世界！”的非常印象，寄托了公司挑战新世界的愿望。

我最初深信“Breakthrough”是“渡过难关”的意思，但不知在何时，我听说它并不是这个意思。从那以后我的想法变成了“做史无前例的事情才是‘Breakthrough’”，而使之具体化的行为是我创办了“冷不防！牛排”这种新业态①。

“冷不防！牛排”是我多次积极尝试并挑战之后开展的一种业态。

“冷不防！牛排”的销售方法是提供珍馐美味的厚切牛排并

① 业态：业务经营的形式和状态。

让顾客站着吃。把顾客带到厨房旁的专柜边，“砰”的一声甩出一块牛排来，询问顾客：“您吃多少？”“要这些吗？”

“冷不防！牛排”采用定制切割（Order Cut）牛肉的方式，根据顾客的需求一刀切开，以“1g=5.5日元[①]”的价格放在秤上称（但至少要点300g以上），然后将切好的牛肉放在炭烤炉上烤。烤肉铺在玻璃上，并让玻璃朝着炭烤炉的方向倾斜，使烤肉发出滋滋的声响，这样顾客可以体验到十足的乐趣。炭烤炉上整齐地排列着有一定厚度的牛肉，根据顾客的要求有300g、400g和500g的，有时甚至超过1kg。挨个烤制这些牛肉的情景绝对是无与伦比的。

牛排为一分熟厚切牛排，肉汁都锁在里面。把它盛在铁板上，再浇上特制的胡椒酱，撒上蒜末，端到顾客面前。顾客可以将放在桌子上的盐、胡椒或者特制的牛排酱汁撒在牛排上，尽情享用。

300g牛排只需要1650日元（不含税，下同），500g牛排只需要2750日元，价格绝对便宜，正因为如此，也格外打动顾客。之所以能以如此物超所值的价格提供牛排，是因为本店采用了站着吃的方式。这是一次向前所未有的销售方式发起的挑战。

把饿着肚子的顾客招到店里来，“冷不防”地让他们吃嫩嫩的厚切牛排。顾客可以一边喝着啤酒或葡萄酒，一边美美地吃

---

① 1日元折合0.05832元（2018年6月6日汇率）。

上一顿牛排。当牛排剩下不多的时候，店员会跑过来问顾客：“还要加肉吗?”还真有顾客会加肉。因为顾客从一开始就“冷不防”地吃上了牛排，所以会吃得精光。

我一直有一个疑问：“虽然吃涮肉和烤肉的时候也会加肉，但是为什么吃牛排的时候不加肉?”于是长年来酝酿着一个想法：“总有一天要提供顾客会加肉的牛排。”

如果光提供肉，其成本率在70%以上，倘若再让顾客点些沙拉、蒜香饭或酒，成本率会降到60%左右。

大幅度地降低成本率让顾客腹鼓意满，还会吸引更多的人来店消费。让店铺时常处于顾客满员的状态这一点很重要。

“冷不防！牛排”开在房租高的一等地段，20~30坪①的盈亏平衡点（保本点）就要高达1200万日元，而我们一个分店的月营业额大体上在2000万日元，在银座4丁目的1号店的营业额也有超过3000万日元的时候。那里20坪的房租高达150万日元，占月营业额的5%，而盈利在450万日元以上，占比15%~20%。其实，分母越大，越有悖常理。

20多年前，我还是一名在东京下町区②经营4家餐饮店的经

① 1坪约等于3.3057平方米。

② 下町区：指都市中的低洼地区，多会聚集商店和小工厂，所以又称商业手工业者聚集区。东京的下町区指浅草、下谷、神田、本所、深川一带。在东京，与下町区相对应的区域叫“山手区”。

营者，梦想是“让年轻人饱餐一顿美味牛排”。于是在1994年7月，我创办了“胡椒厨房”(Pepper Lunch) 1号店，迈上了经营连锁企业的道路。在经营4家餐饮店之前，我遇到过很多困难，在经营连锁企业的道路上，更是危机重重。不过我通过不断超越，开辟了新的可能性。

每当面对危机时我都伤透脑筋。所幸我的员工们始终跟随着我共渡难关，一往无前。

“冷不防！牛排”绝对不是“冷不防”产生的。它逾越了一个个重大难关，最终达成了我“想让更多人吃上高级牛排”的梦想。在我们的努力下，“冷不防！牛排”诞生了。

“Breakthrough。向史无前例发起挑战。”

胡椒食品服务（Pepper Food Service）公司有正确的经营方向，今后还有更多的可能性。

“冷不防！牛排”是怎样产生的？其实，这种新业态是我厨师生涯的思想具现，也得益于同甘共苦的员工、店主、时常勉励我的顾客们。

接下来谈的内容如果能给您的工作和生活提供参考，我将荣幸之至。

一濑邦夫

目　录
CONTENTS

第 1 章

“冷不防！牛排”的诞生

“冷不防！牛排”的起点

“冷不防！牛排”的起点是“牛排 KUNI”新小岩店。该店是从“西餐厅”转变成“牛排”的。为了改善牛排的提供方式和品质，我倾注了不少心血。它稳定后我就没有进行很多关注，但是其营业额也能如期得到提高。这是店铺的运营组织很完善的证明吧。

1991 年，在新小岩店首次尝试了定制切割牛肉的方式。运营情况再好的店也有达到顶点的时候，于是我想出一计，做了崭新的尝试：给每克牛肉设定单价，根据顾客想吃的量，在顾客面前切肉，并放在秤上称，以便顾客知道牛排的价格。

这种销售方法能得到顾客的青睐吗？因为是在日本的第一次尝试，所以我很期待开业后的反响。我还制作了大大的广告牌，去河童桥家具街置办了大餐车来定制切割牛肉。

结果，有顾客在 1 周之内会来店两三次。看来是想让他的朋友也看看，带别人来的，想告诉朋友“这么有趣的店，没见过吧”！

也有些店模仿我们这种提供牛排的方式，但都没能维持下去。为什么呢？因为它们很难控制成本率。我作为一名有着 40

一濑总经理自己有时候也在店里切肉

多年经验的牛排厨师，一直在钻研如何处理牛肉，有一套控制成本率的技巧。

“冷不防！牛排”提供的牛排的价格是普通牛排的半价。价格减半的话，就会有很多顾客来店消费。但是，有的业态可以降价销售，有的则不能。顾客人均消费低的业态，如果降价，只会提高成本率，而且不盈利，因为顾客对这种料理不满意。

那么，哪些业态会欣然降价呢？拥有豪华盛宴并上菜及时的业态。如果不降价且上菜不及时，就难以让顾客满意。

“冷不防！牛排”怎么上菜？我们店几乎不用准备，把肉拿到顾客面前切，在顾客面前烤，不到5分钟就能完成。

牛排原本就是顾客人均消费高的料理，就算半价也能赚取毛利润。将其半价销售，成本率就会倍增。现状是牛排单品的成本率在70%以上。

但是，“冷不防！牛排”能在点菜后5分钟内上菜，顾客可以快速吃完早点离开，于是座位会空出来。座位一空，就又有顾客光临了。

我们店因此有了名气，即使店外排着长队，仍然有顾客持续不断地前来。在牛排店，一般来说顾客晚餐时的停留时间在一个半到两个小时。

“冷不防！牛排”的武器是“提供半价牛排”“根据顾客的

要求当面切肉”“点单后5分钟之内上牛排”“能吃饱”。

因此我发现，可以半价的店就是“一般价格高”“即使半价也能赚取毛利润”“能快速上菜”的店。做不到这些，就无法提供半价。

说句题外话，高级珠宝饰品能半价促销的理由不就在于此吗？

总之，“畅销”会带来“胜利”。即使成本率是80%，如果十分畅销，假设对手是成本率20%的店，对手卖不出去，我们就胜利了。

“冷不防！牛排”的构想

我从2013年夏天就开始考虑经营“冷不防！牛排”这件事，并在心爱的iPad上记录下想到的东西，旨在创造出新的业态。它和“冷不防！牛排”的目前经营形式有若干不同，但是依然能感受到我这个厨师“让更多人吃到美味牛排”的想法。

1. 要便宜　300g鸣尾牛肉基本上是1500日元　配菜只有蛋卷

2. 沙拉300日元　不限量的调味品是洋葱和酱油调味汁

3. 使用切好的沙拉　委托给专业的供应商

4. 在指定场所定制切割

5. 采用站着吃牛排的形式

6. 晚上提供碗装胡椒饭　中午提供米饭

7. 营业时间基本上是11点~23点　12小时营业　中午也营业

8. 采用纪州备长炭[①]烤制

9. 提供2种酒杯，3种葡萄酒

10. 大厅工作人员要时刻待命　如果肉变少了，要劝顾客再来一份牛排

询问他们是否需要胡椒饭　推荐葡萄酒

多处设置放闲置物品的地方便于收纳

主动提出添加沙拉　补充餐桌上的调味汁和大蒜

11. 顾客的平均消费，包括饮品在内设定为3000日元

12. 店铺面积是21~25坪，能站下50名顾客

13. 平均每位顾客的停留时间设为1小时

50位顾客×6小时（慎重起见，营业时间×0.5）= 300位顾客

300位顾客×3000日元=90万日元　90万日元×30天=2700

---

① 备长炭：起源于日本，使用的炭材为马木坚木，炭质硬、密度高，其微细孔众多，吸附力强，十分坚硬，与钢的硬度差不多，具有许多神奇功能。日本纪州备长炭被广泛使用。

万日元

按成本率 65% 计算，毛利 = 945 万日元（1 个月 9000 位顾客）

房租 100 万日元　固定资产折旧费[①] 30 万日元　人工费 250 万日元

各项经费 30 万日元　成本合计 410 万日元　945 万日元 - 410 万日元 = 535 万日元

这么多顾客所得的营业利润是 535 万日元

535 万日元 × 12 个月 = 6420 万日元

14. 挑战 FC[②] 业务的可能性

15. 如何提高进入市场的壁垒？设置电磁炉

16. 以定制切割的方式取得商业专利

17. 把本公司的牛排调味汁和牛排黄油制作成日本人喜欢的口味

18. 制订员工 FC 制度　让员工更开心

19. 给所有阶段设置期限

20. 共享想法和理念是根本　创造出所有员工都赞同的环境

---

① 固定资产折旧费：指固定资产在使用过程中逐渐损耗而转移到商品或费用中的那部分价值。

② FC：是英语“Franchise”的缩写，意思是特许经营，指授权人将其商号、商标、服务标志、商业秘密等在一定条件下许可给其他经营者，允许他在一定区域内从事与授权人相同的经营业务，相当于“加盟”。

21. 成为日本第一的餐饮企业

22. 中途加快在东南亚开分店的速度

23. 成为世界上屈指可数的餐饮企业

24. 主体上采用甲壳虫乐队（The Beatles）的音乐和爵士乐（JAZZ）　牛仔风格　要考虑音响设备

25. 店里的工作人员要在胸牌上写上出生地

26. 配菜包括蛋卷。炸薯条另需支付 200 日元

27. 在店里展示吃过 1kg 以上牛排的顾客的准确数字和照片。

姓名、准确的重量、时间

28. “冷不防！牛排” 的 USP（Unique Selling Proposition：独特的销售主张）

“绝对美味、牛排超厚、价格超值、服务良好、味道独特”

29. 收集问卷调查，并在店内的指定位置展示其中的突出内容

30. 全面宣传。全方位发送信息，产生宣传的效果

31. 上菜时提供与顾客合影的服务

可以使用顾客的手机或员工的手机拍照，上传到脸书（Facebook）上时要得到顾客的许可。要事先在明信片大小的卡片上印好知晓同意书

让顾客在姓名栏上签名以示同意

32. 采用顾客推荐体系　发放推荐卡　用来记录推荐人和被

推荐人的姓名

33. 为了给顾客发送店铺信息，收集顾客的邮箱地址

34. 与健身房会员卡合作，去健身房的人出示健身卡或体重卡就能打折

35. 一开始要通过促销的方式抓住顾客的心　基本上还是原价销售。另外，在附近散发 20 万份宣传广告

36，事先制作出顾客进店后接受顾客点单、上菜、服务、中间服务、结账的流程

37. 推荐商品是里面不凉的一分熟牛排（Rare）

38. 也提供 1kg 以上的单块牛排

39. 在本店至少要点 300g 以上的牛排。厚切一分熟更美味！

40. 请大口品尝！

41. 给顾客上牛排时，一定要说牛排的克数

其自身就是菜名

42. 大牛排会刺激你的战斗欲望

43. 喜欢美味牛排吗？　标语

44.“冷不防！牛排”的牛排原产地当然是美国。和寿司店的生鱼肉一样，肥瘦适中

我把这些总结制成图表，并在 2013 年 10 月的经营会议上发表。所以“冷不防！牛排”绝不是偶然想出来的。

银座 6 丁目 2 号店一开业就排起了长队

在员工面前随时坚定地说出自己的蓝图很重要。

创造出下属热情地为我工作的环境尤其重要。

这样的环境并不是能偶然创造出来的。要说出亲力亲为的实际业绩和未来的梦想，即使难以启齿，也要坚定地讲出来。这一点很重要。

我总有一天会实现“冷不防！牛排”的梦想。我有种预感，我做的不是“冷不防！牛排”这么明确的事情，而是会震惊世界的事情。我常常想，在埋头苦干至今的这一业态的延长线上，我早晚会做出令世人惊叹的事情。

魅力在于“冷不防”地出现。黄油和牛排调味汁也是独创

决意在日本商业中心地“银座”开分店

我一开始想把吉祥寺（东京武藏野市）的“胡椒厨房”店关掉来开设“冷不防！牛排”1 号店，但是最终决定挑战在银座开分店。因为银座是日本的商业中心，也能起到宣传的作用。

银座云集了世界上有名的品牌店铺，生意不好做。但是我想如果大获全胜会产生难以估量的附加价值。

这里的房租的确很高。众所周知，饮食业合理的房租比率是 10%。如果按照 10%计算，20 坪的 1 号店房租是 150 万日元，所以要确保营业额1500万日元才行。然而20坪销售1500万日元商品的店铺实属罕见。

然而，真正开业后，我们店的营业额是3000万日元，房租占比为5%。说得硬气一点，我们这个20坪的店铺可以支付300万日元的房租。

因为1号店是连货带铺一起转让的房源，我们的投资额是1500多万日元。从第1个月开始，其营业额近3000万日元，盈利500万日元。所以这是一种投资额低的类型。

现在开一家“冷不防！牛排”店需要4000万日元。其中包括1000万日元保证金，还包括各种设备的费用。我投资中最重视的是空调。因为既要留意烤肉的油落在火上，还要进行充分通风以便于散热。

“冷不防！牛排”直接半价销售牛排，这需要资金支持。但本公司在筹措资金方面从2013年左右才有所好转。

签约1号店和2号店是在同一天。当时我问负责管理事务的总经理一濑健作专务：“筹措资金没问题吧？”他回答：“没问题。”连我自己都不敢相信能同时开两家分店。这的确有悖常识，或许到最后才能一见分晓，不过我是有胜算的。

2013年12月5日，“冷不防！牛排”银座4丁目店开业，我邀请了日本女子橄榄球队的运动员们出席剪彩仪式。11点开业时就排起了超过 30 米的队伍。我设想过在银座这一带的午餐时间，人会非常多，开业后果真如此。午餐的生意如此兴隆，根本没有定制切割牛排的时间，全部都是定量切好后供应。

晚餐时间曾经有段时间没有那么忙，但是在 2014 年 1 月 9 日，原高知县知事桥本大二郎先生在电视节目中作评论员时，介绍了“冷不防！牛排”，所以晚餐时间的情况突然得到扭转。我根据 2013 年 12 月的业绩情况，计划将 2014 年的月营业额定为 1800 万日元，但是后来发现，受其影响，结果与计划截然不同。

1 号店开业时日本女子橄榄球队的成员前来祝贺

“冷不防！牛排”无法被模仿的理由

本公司开发了“胡椒厨房”，并向着连锁餐厅的道路迈进，但是在20年前创办“胡椒厨房”之前，就有牛排店做过站着吃牛排的尝试。

这家店用铁板盛着蔬菜和肉，说着“让您久等了”上菜。一开始生意兴隆，排起了长队。

事实上，“胡椒厨房”的最初构想也是站着吃的。在由调色板制成的标记下面原本写着“站着吃的牛排”。

然而由于后来匆忙决定放些椅子，就擦去了“站着吃的牛排”字样。

但是，我在那家站着吃的牛排店的启发下，深信今后会不断涌现提供便宜牛排的店铺，为了与这些店铺区别开，我判断“应该放椅子”，因此“胡椒厨房”从最初就放了椅子。

那之后过了20年，创立“胡椒厨房”时考虑的站着吃的想法，在下定决心提供廉价高级牛排的“冷不防！牛排”实现了。“我的意大利菜餐厅”和“我的法国菜餐厅”通过站着吃的方式大获成功，也鼓舞了我。

我认为本公司当下的优势在于将“胡椒厨房”的经营技巧活用到了“冷不防！牛排”中。

没有出现模仿“冷不防！牛排”的人，是因为“胡椒厨房”拿到了自动设定温度的系统化加热铁板的专利，并运用在了“冷不防！牛排”中。

经常能听到“模仿这家店很容易”的话。实际上，有很多店明显模仿了其他火爆店铺的商标。还有些现象是，当有人将牛排和沙拉吧①的店铺开在曾作为家庭餐馆（Family Restaurant）的房源中之后，有大企业明显用这家店的创意持续开了不少店。

然而，因为之前的背景，一直没有出现模仿“冷不防！牛排”的店。另外我们还有给力的商品：美味的牛肉、与牛排很搭的牛排调味汁和特制胡椒酱。“冷不防！牛排”提供的牛排有我很喜欢的味道。

越来越多的加盟店对盈亏平衡点之高表示理解

一直没有出现想要模仿“冷不防！牛排”的人，其理由是什么？这是我在招募“冷不防！牛排”加盟店的人时意识到的。事实上，当初开始招募加盟店的人时，完全没有人来加盟。对我来说，这太不可思议了。

---

① 沙拉吧：英语为“Salad Bar”，指餐厅中提供沙拉的柜台。

没有人想开加盟店的理由也是没有人想模仿“冷不防！牛排”的理由之一。理由如下：

第一，虽然现在有两三千万日元的营业额，但担心“这是短暂性的，营业额迟早会下降”。

第二，对于开店之初的“银座”这一选址，认为“没有比它更好的地段了。如果不选这里，营业额会下降”。

第三，认为“需要厨师”。事实上，加盟店很难招到厨师。

第四，盈亏平衡点是1200万日元。确信“自己做不了这种高风险的生意”。

第五，认为菜品单一，顾客迟早会吃腻。觉得菜品单一既是优点，也是缺点。

但是也有积极加盟的人。在2014年开的分店中，第一个加盟店是9月13日开业的13号店——池袋东口店。另外，麦当劳（日本）公司在8月与我们签署了区域FC合同，要在大阪开加盟店。2014年10月29日大阪1号店开业。

“冷不防！牛排”银座4丁目店有20坪，房租为150万日元，是一个普通餐饮店经营不起的房源。但我们实际上每个月的利润是几百万日元。这绝对不是过度自信的说法，即使是房租300万日元的房源，我们也可以负担得起。

现在的“冷不防！牛排”都是在好地段开分店，也就是房租高、一般经营者会犹豫的地方。但是“冷不防！牛排”就是在这种好地段开分店。一出现好房源，我们就会与想在那里开店的人竞争。但房东的想法是寻找现在有收益的店。于是“冷不防！牛排”也受到了房东的关注。

受到这些关注和好评是因为“冷不防！牛排”有给力的商品，上菜方式也是现在顾客需要的类型。

“冷不防！牛排”的风格：便宜、快速、好吃

我认为用沙拉吧揽客的牛排馆有点不合常理。配备沙拉吧，就会一下子提高成本率。牛排馆应该用牛排的品质来决定胜负。

包含沙拉吧在内的优质商品无论多么齐全，价格一高，就没有顾客来消费了。有句老话说，餐饮店最好物美价廉。“冷不防！牛排”就是用便宜、快速、好吃且有分量的方式来吸引顾客的。这在任何时候都会让店铺生意兴隆。要快速上菜的另一个理由是，不这么做就达不到保证营业额的人数。

而且更重要的是要迎合时代的潮流。

首先，现在是“互联网社会”的时代。人们花费在邮件、网站和 SNS 上的时间年年都在增加。因此，越来越多的顾客想尽可能缩短吃饭时间。这是我们现在追求快速上菜的依据。

其次，现在是“单独吃饭”的时代。我也有一个人吃饭的时候。一个人时都是去盖浇饭店或套餐店吃。很少去烤肉店等以肉食为主的店。相对来说，在“冷不防！牛排”一个人吃饭完全没有不谐调感。事实上，有很多一个人吃牛排的女性顾客。

还有很多两三位一起来的女性顾客。看到“冷不防！牛排”如此受到女性顾客的支持，我对我的生意越来越有信心了。因为女性更倾向于只把钱花在有价值的东西上。

最后，我还思考了顾客来“冷不防！牛排”的动机。

去餐厅就餐的顾客有两种。一类人想要充分享受包括饭前酒和饭后酒在内的 2 小时；另一类人只是来吃饭。

我认为我们应该以这种“只是来吃饭”的顾客为目标。一方面，商品要给力；另一方面，商品要和价格保持平衡。“冷不防！牛排”的构思直击要害。银座 4 丁目店是启动这一商业模式的第一家店，所以很重视这一点。

“冷不防！牛排”正在形成一种文化。这种文化与回转寿司的诞生一样，是一种拼命为顾客着想，让他们吃上物美价廉东西的机制。因为它以容易计算的价格把美味佳肴呈现在顾客面前。“冷不防！牛排”现在处于扭转文化的初创期，早晚会像回转寿司那样，普及成为一种理所当然的文化。

对商品有信心，敢半价销售

我一直都认为半价销售高品质的东西很辛苦。当然绝不能半价出售没有信心的东西。如果料理不好吃，即使半价销售，顾客也不会再来。只有好吃，顾客才想再去。如果顾客确实认可了这个味道，即使料理恢复原价顾客也会再去的。

因此，我之所以搞半价销售，是因为对商品有信心。绝不能半价销售没有信心的商品。

但是，因为每天都是半价销售，如果卖不到足够的量就不划算了，所以我有了拿掉椅子让顾客站着吃的想法。

事实上这是受到了“我的意大利菜餐厅”和“我的法国菜餐厅”的影响。我听到这些店的大量信息后，印象越来越清晰。顾客即使排两个小时的队也想去吃的那种心情太吸引人了，于是我去做了实地考察。

我考虑了“冷不防！牛排”的特征。“冷不防！牛排”是“重视原材料”的业态。“烤肉”就是烹饪的全部，因此几乎没有必要准备什么。而且，即使没有精湛的烹饪技术，经过一定程度的指导，也能提供高品质的牛排。“胡椒厨房”的基本构思就是没有厨师。

我们公司不仅在街面上开分店，还在美食广场（Food Court）开分店。只要是人群密集的地方，在 2 楼以上也没有关系。还可以在郊区开分店。店铺选在住宅区附近，卡车司机也会来店消费。虽然不会有大笔的营业额，但是吸引力在于房租便宜。这样一来，开分店的选址范围会越来越大。

也可以考虑集中开分店。虽然已经在银座4丁目、6丁目和新桥都开了分店，但是我认为还可以继续在这一区域开分店。正所谓“有人的地方就要吃饭”。

“冷不防！牛排”从2014年5月开始气势高涨，“要在年内开30家店铺！”。这样一来，就变成了人、物、钱的问题。钱也许能想办法解决，人也能想办法解决。不采取任何行动，人是不会来的。豪言要开30家店铺，就要一点一点地去找房源。

我决定要开30家店铺的时候，并没有够30家店铺用的人。我想着一定会有越来越多的人想来“冷不防！牛排”工作，才做的这个决定。于是我去招聘。在现在考虑跳槽的人当中应该有优秀的人。所谓优秀的人是指有上进心，但对现在的职场不够满意的人。只要形成让这些人带头来就职的职场，就能实现30家店铺的构想。

构想越小，反响越小；构想越大，反响越大。于是维持开大量分店所需的人才络绎不绝地聚集了过来。“冷不防！牛排”越开分店，顾客越会光顾，人才也越会聚集过来。只要是优秀的人才，不论年龄均予以采用。

本公司还将人才派遣作为业务的内容，由于拥有蜂拥而至的人才，我考虑也能做向加盟店派遣人才的业务。加盟店由此可以解除人才方面的不安，“好！做吧！”的热情就会喷涌而出。

公司在 2014 年秋初的每月发表会上公布，“冷不防！牛排”的银座 4 丁目店、银座 6 丁目店、吾妻桥店以及和歌山的牛舌专卖店这 4 家店铺的实际营业利润已达到 2000 万日元。这 4 家店铺赚到的钱是“胡椒厨房”几十家店的总额。

数据公布后，我还担心“胡椒厨房”的人才会因此变得无精打采。但是，他们不但没有无精打采，反而看到了希望，认为“我们公司创造出了提高收益的商业模式”。

改变人事和组织的“冷不防！变革”

于是，公司开始了“冷不防！变革”。

所谓“冷不防！变革”（Shift），就是思考“本公司把商业的重点放在哪里”？本公司的稳定性好，所以有大量长期工作的员工。我们让这些员工逐渐加入到“冷不防！牛排”店，而让新人进入“胡椒厨房”店。2014 年，我们提出开设 30 家分店的构想，为了实现它，就要施行大规模的工作岗位轮换制。

能这么做是因为 2013 年 12 月我们宣布了“下一阶段要把营业放在第一位”的目标。之前存在兼任“胡椒厨房”总经理的海外事务总经理，以及负责餐厅事务的总经理的情况。后来我将这些职务全部任命给了常务菅野和则，并让他担任总揽营业事务的总经理。但是，菅野的上司是我，菅野之下还设立了 8 个部长。

我们由此化解了各个业务部门的地盘意识。在菅野常务的领导下，一切进展顺利。

我前往各分店时，都是站在支持菅野常务的立场上直接对店铺进行指导。以前，各个分店都有总经理，所以有一种“请不要越过我做出指示”的气氛。但是做出这样的组织变革后，渗透得非常好，全公司拧成了一股绳。我的右臂是负责管理事务的总经理一濑健作专务，左膀是总揽营业事务的总经理菅野常务。通过这样整顿体制，公司实现了组织的大幅革新。

现在菅野常务不仅在日本，甚至在全世界飞来飞去。然而，公司已经形成了没有菅野常务也能进展顺利的机制。因为 8 个部长全都是引擎。

从 2014 年 9 月上旬开始，公司连续 3 周没有开分店，我因此有幸大显身手一番。

那么，我做了什么呢？我将这一时期定位为“休息平台”，重整了体制。从加班问题、人事问题到经营指南，全都进行了调整，并取名为“休息平台会议项目”。

所谓“休息平台”，并不是指楼梯的休息平台，而是在进行生死攸关的攀岩时终于发现了一块小空地，深呼吸后思考今后怎样做才能继续攀登断崖绝壁的场所。“休息平台会议”有 16 人参加，开了 4 次。

我们由此克服了以下难题：

· 合适人员的调配

· 员工能够公休的体制

· 减少加班时间的对策

· 工作的效率化

· 对于牛肉采购价格高涨的处理、新价格设定和实施

· 各个店铺的卫生、清扫标准的提高和实施

· 切割牛肉的指南化和制作烤牛排方法的指南

我们通过这些取得了长足的进步。例如当顾客表达不满说午餐的“Wild Steak”太硬时，我实施了“提供软质 Wild Steak”的措施等。

在“冷不防！牛排”的运营方面，首先，我整顿了体制，让“冷不防！牛排”的全体店长出席会议，以在早期解决各种

问题，还完善了“特命 SV[①] 制度”的功能予以支持。

其次，我整顿了“冷不防！牛排”的经营指南和各种资格制度。制作了“切肉指南”“烤肉指南”，并编进《冷不防！牛排指南手册》中。还由此制作了“切肉师资格”“烤肉师资格”的认定制度，让员工取得资格后担任工作。

“人给自己设定一个高目标，实现之时就能攀登下一个高度。”

这是我素来的想法，也想让所有员工去挑战。

培养推销员成为业务部长的机制

“冷不防！牛排”还细化了部门设置。“冷不防！牛排”之前属于餐饮部门，现在升级为业务总部，所以要明确设定一个业务部长。刚才提到的菅野常务就在这个位置上，我认为现在已经到了通过明确业务部长来更加细致地运营公司的时期。

坦率地说，“冷不防！牛排”没有明确的责任人。

我认为，如果没有人被训斥“是你的责任”，它就算不上一个组织。我过去有一段时间强烈感觉到处于无法训斥员工的困境。只把我的想法不由分说地塞给员工，这样他们是会不喜欢的。关于这件事，我收到了很多建议，最终设置了负责人，方

① SV：“Supervisor”的缩写，表示“监督人、管理人”的意思。

式如下：

制订一个机制，让负责过“胡椒厨房”等 10 家店事务的 SV 去负责“冷不防！牛排”一家店的事务。也就是所谓的“特命 SV”。我认为如果他发挥作用，就会很成功。

总而言之，设定责任人，使之能管控包含工作日程表在内的一切事务。

虽然有了负责“冷不防！牛排”事务的人，但是要想让“冷不防！牛排”运转起来，还需要精力，并且，“冷不防！牛排”开始营业后，还要有人来管控。这个人就是上述的特命 SV。

让一直接受总经理理念的人负责“冷不防！牛排”的事务，会让公司放心。也就是说，掌握每家店铺的经营和服务水平的人能够总揽“冷不防！牛排”的事务。

2014 年 8 月，我们每周开一家店铺，在开展这一大攻势之前，我也犹豫过应该如何管控“冷不防！牛排”的事务。实现了这个目标，是我的一大进步。事实上，从特命 SV 中能看出每个人的实力。

我认为，制订这些机制的人必须是进入公司后长时间受我领导的推销员。

带着头衔跳槽到本公司的人，好像都想着要超过前任。但是，与我这个总经理的想法有共鸣，在背后支持公司工作的人才最重要。在前一份工作中成功的人，都想按照之前的做法行事，但这会成为与本公司产生隔阂，令其他员工不知所措的根源。

之前我们招了很多带头衔的人，其中很多人都辞职了，理由就与此相关。

总之，“冷不防！牛排”对公司的人事和组织有很大影响，使公司相当快地重构了自己的方向，并朝着未知的领域迈进。

第 2 章

餐饮业经营者一濑邦夫的诞生

我出生于静冈，在东京与母亲相依为命

我于昭和十七年（1942年）出生在静冈。刚出生后，母亲就带着襁褓之中的我去了东京。由于当时正处于战争时期，我们是在静冈被疏散的。住处在一个叫富士郡富士根村字泷野上的地方，这里是富士山下一片辽阔的、坡度平缓的原野，在一片远离战争的大自然中。

我在疏散地与母亲一起度过。但在战争就要结束时，母亲说："总不能成天在乡下无所事事，必须尽快去东京找份工作。"她就一个人去了东京。还没上学的我就由祖父母来抚养了。

乡下的孩子都生活在大自然中，悠闲自得。我像是一个卖弄小聪明的孩子，在疏散地颇受好评，我自己说这话有些不好意思，是邻居家的叔叔经常说："城里的孩子说话就是不一样。""这孩子肯定会成为一个大人物。"大概是因为我对事物的看法和当地的孩子不同，比较健谈，所以给周围的人留下了这个印象吧。

我在疏散地生活到4岁左右时母亲来接我，我便开始了暂住东京的生活，同时还有了一个新父亲。

母亲小时候当过佣工。和母亲同一代的人应该都知道，大

正时代盛行西班牙流感①，母亲的父亲也感染了这种病。所以我们全家失去了劳动力，生活穷困，于是母亲去当了佣工。

我是由母亲一手带大的。临时住所换了又换，不过我至今依然清楚地记得，自我懂事以后直到上高中，我们一直住在位于东京小岩的一幢 30 坪左右的房子里。

通过母亲看到的大人的世界

为了帮母亲，我从初中开始就做送牛奶、送报纸等各种兼职。初中时，我还做过收款和推销的工作。

所谓有艺可救命，母亲也偶尔上台表演小曲和三弦。此后她走上了技师之路，成为井筒都英老师的弟子。不久后就获得了“小都英”的称号，开起了自己的专场。

演艺圈好像也有很多辛苦的事情。有好几次我深夜回到家，母亲带着哭腔欲言又止地对我说：“邦夫，我啊……”当然开心的时候母亲也会愉快地跟我聊天。母亲外出时我感觉很寂寞，所以当母亲回家跟我聊天，我便觉得那段时间无比珍贵。尽管有些事孩子并不懂，但每当我询问母亲问题时，她总是很认真

① 西班牙流感：Spanish Influenza，发生于 1918～1919 年，因为当时西班牙有约 8 百万人感染了此病，甚至连西班牙国王也感染了此病，由此而得名。是人类历史上最大规模的瘟疫之一，当时导致约 10 亿人感染，2000 万～4000 万人死亡，而且死亡者多为青壮年。

地回答我。

就这样，我似乎通过母亲窥视到了大人的世界。这样的事情日积月累，为我的人生提供了重大参考。初中时，我有一段时期表现不佳，但我仍然能在这样的环境下茁壮成长，完全得益于母亲对我的爱。

从小岩站到我家步行需要 15 分钟左右。我都是骑着自行车去接晚归的母亲。寒夜出门时，我会先把热水袋放到母亲的被窝里再去车站。两个人骑车回到家时，母亲的被窝也变暖和了。然后我再把热水袋拿出来暖我自己的被窝。

母亲睡后，我怀揣着感恩又难过的心情想：

“好！日后要让母亲过上轻松的生活！”

“走着瞧！”

我的这种想法越来越强烈，让我觉醒并坚定了将来一定要自力更生的决心。

高中毕业后，我去学了厨师，在厨房里有前辈苛刻和同事吵闹、后悔哭泣的时候。那时我在心里会呐喊一声“走着瞧！”。现在每当身处逆境时，我还会想到“走着瞧！”这句话。这种思想也许来源于我在小岩的房子里想让母亲过上轻松生活的愿望。

培养“做菜的心”

母亲向来体弱多病，有好几次病得卧床不起。有时祖母会从乡下过来照顾她。与母亲相依为命的我，总是担心得不得了。

我小学五六年级的时候，有一次在看街头电视①，突然有种“妈妈出事了”的不祥预感，就急忙回了家。我拼命奔跑在那段 300 米左右的路上。回到家一看，母亲一切正常。我松了一口气：“啊，妈您没事啊。”类似的事情发生过好几次。

母亲一生病，我就喂她吃饭，也有从学校回家喂她吃饭后再返回学校的时候。我家用的是炭炉，把报纸用力捆起来放进炭炉内，再把切成小块的柴火放进去，铺在前一天烧灭的炭上，用火柴点燃。我家都是用这种炭炉煮饭。后来出现了易燃的蜂窝煤，点燃它的方法也是母亲教给我的。

我用这种炭炉做味噌汤或煮菜给母亲吃，母亲虽然会说“咸了”“淡了”“好吃”之类的话，但总归还是会很开心地吃掉。每当母亲说“咸了”“淡了”的时候，我经常会想怎么做才会让她说“好吃”，也非常期待母亲在吃我做的饭时会是一种什么表情。

我想正是因为自己有这样的经历，我才有了一般高中毕业

① 街头电视：安装在人多的地方，免费观看的电视。出现在日本刚普及电视的时期，非常受欢迎。

后马上去当厨师的人所没有的做菜基础。它不是做菜技术之类的问题，而是“做菜的心”。我也是在做了厨师好多年以后才有的这番思考。

“我有跟别人不一样的东西。”

总之，就是同母亲生活的过程中培养起来的独立心以及想让顾客发自内心喜欢吃我做的菜的想法，这些都在我的心中茁壮成长。

为了让母亲轻松，我在高中时也经常打工。百货商店的配送、附近面粉店的配送等。因为我经常打工，所以一到暑假就会收到商家的聘请信件。我在高中时一直过着这样的生活，所以没有怎么学习，也完全没有想过去上大学。在高中毕业典礼后的谢师宴上，老师对我说：“是否给你颁发毕业证，都是经过深思熟虑的……”

“成为日本屈指可数的厨师”

高中毕业后，经母亲朋友介绍，我去了浅草一家名叫“那不勒斯厨房”（Kitchen Napoli）的西餐厅工作。去拜访恩人的那天，是母亲带我去的。途中母亲对我说：

“邦夫，要当厨师，就要当日本屈指可数的！”

这句话烙在了我的脑海中。那是我步入社会的第一天。我在心里描绘着自己将来的模样——成为一名掌握厨师技艺、被称赞“你做的菜真好吃!”、让顾客们满脸幸福的厨师。

我鼓足干劲去那家餐厅上了班。

“大家好，我是一濑，明天开始请多多关照。”

我刚刚高中毕业，打招呼的方式可能还有些孩子气。

因此那家店的大师傅对我说：

“小伙子，今天吃什么都可以哦!”

我想都没想就回答说：“我想吃牛排。”因为我当时还没吃过牛排。

于是大师傅看了看冰箱，不一会儿说道：“小伙子啊，今天的牛排已经卖光啦。煎猪里脊也很好吃呢。”

我就吃了煎猪里脊。至今我还清晰地记得那个味道。它不是以前和母亲一起吃过的西餐味道，而是今后和我一起工作的前辈为我做的料理味道，从中能感受到厨师的专业气息。

后来回过头来看那时的经历，我才知道大师傅不让我吃牛排是因为不想骄纵我。

当时“那不勒斯厨房”的牛排价格是 3000 日元，是在我说完“想吃牛排”以后在菜单上看到的。我得到的第一笔薪水就是 3000 日元，所以前辈不让刚工作的小家伙吃牛排，是理所当然的事。我想正因为如此前辈才跟我说卖光了。

我当时的想法很直率，就是“想吃牛排”，想尝尝不曾吃过的美味菜肴。

这样的经历让我萌生了“自己如果成为日本首屈一指的厨师，也要开一家这样的店”的想法。

“开一家让很多人轻而易举吃到美味牛排的店。”

从“那不勒斯厨房”到“聚乐台”

我在“那不勒斯厨房”承蒙总经理关照的大约半年时间里，都叫他老师。他曾多次恳请我说“请不要辞职”，但我还是想去其他地方学习。

回想起来，我当时是一个记忆力很好的少年。“小伙子，你来试试。”前辈们接二连三地教我制作料理，我都是一遍就记住了。

我第一次给顾客制作的料理是烤猪肉，担心得不得了：

“火候恰到好处吗？”“味道怎么样？”

结果顾客笑嘻嘻地吃了。这虽然是餐厅里常见的情景，但那一瞬间非常打动我。我由此确信厨师是一份有意义的工作。

顾客品尝美食时的表情真是太棒了。我一想到那个表情来源于我制作的料理，就感到十分自豪。

在“那不勒斯厨房”工作的最后日子里，我被任职为“炊具前”。所谓“炊具前”是指“制作料理的人所在的场所”。当时我才 18 岁，学习厨师技能才只有半年。我在这里好像有了成人的样子。现在想想，我当时是何等自信啊，但也正是因为这份自信，我才能够充分吸收新事物并快乐地工作吧。

后来，经某人介绍，我到上野的“聚乐台”上班。那是坐落在上野公园地下的西乡会馆 2 楼的一家餐厅。与街面上的餐厅相比，它有着更棒的职场环境，是一家多方位开展业务的股份公司，还有社保，工资也翻倍了。我每天早晨 10 点上班，晚上 11 点回家，但是午饭结束后有足够的休息时间，工作很愉快，每周还休息一天。我在这里工作了大约 10 个月。

40 多年后聚乐台的后面建了一个名叫“UENO 3153”的餐饮设施。我在那里的 2 楼开了一家“胡椒厨房简易餐厅”，是我们公司的一种新业态。我在后面会详述开这家店的缘由以及它对本公司的意义，但我现在想说的是，因为我曾经受到过很多人的照顾，又拼命积累了厨师的技能，所以创造了如此精彩的人生。

在“山王酒店”体验最先进的厨房

后来，我去了“山王酒店”。原因是我想掌握制作料理的技能，实现我与母亲的约定，即“成为日本屈指可数的厨师”。

当时“日本屈指可数的厨师”暗指能够在酒店工作的厨师，所以我想，要磨炼厨师的本领，就要进军酒店。

作为代表日本的现代化酒店，“山王酒店”从战前就与“帝国酒店”和“第一酒店”并称。这里是昭和十一年（1936年）二·二六事件的发生地，战后被联合国军接管，在昭和五十八年（1983年）之前都是驻日美军的用地。它不仅有历史和传统，在积累厨师技能方面，也有绝无仅有的环境。

我进入“山王酒店”后的每一天都很开心。这里的带薪休假和福利待遇丰厚，我还在这时学会了赛马、滑雪等。这里工作管理严格，还有加班费。我在这里可以和同事们共度闲暇的时光，还能集中精力埋头厨师工作。如今回想起这段经历，它为我后来成为经营者，思考“正确的经营”打下了基础。

这里的厨房有当时最先进的设备。不仅有对流式烤箱（Convection Ovens）、压力锅，还有电烤箱。我后来辞职离开“山王酒店”自立成为一名经营者。自立门户以后，我从一家名叫“OGM咨询”（以下简称“OGM”）的餐饮业顾问公司那里受益匪浅。在OGM有很多和我同龄的餐饮店经营者，我们既是竞争对手，又互相学习。

20世纪40年代中期，在OGM的主持下，我去美国考察餐厅。我记得美国有很多设计独特、魅力非凡的餐厅。

考察途中，OGM 的总经理榊芳生先生对我说：

“一濑，你觉得怎么样？美国的餐饮业先进吧。”

我当时完全不认为美国的餐饮业有多先进。因为“山王酒店”的厨房已经有世界上最先进的设备。甚至在去美国视察的 20 年前，“山王酒店”就已经配备了同等乃至更高水平的厨房。

日本经济进入高速发展时期后，在昭和三十九年（1964 年）的东京奥运会时达到了巅峰。东京奥运会前，日本出现了“大仓库酒店”“新大谷酒店”等大型的现代化酒店，酒店业的生意越来越兴隆，也更加普及化。料理也越来越致力于大批量烹饪的发展。

在这种现代化酒店的厨房日新月异的时期，我觉得转机正在降临到我这个厨师身上。

自立门户开设“厨房 KUNI”

我在“山王酒店”工作了 9 年，于昭和四十五年（1970 年）辞职。契机是母亲对我说的一句话：

“邦夫，永远受制于人是没有前途的，单干吧。”

母亲说罢，便在东京向岛为我找到了一处 6 坪的店铺，我把一部分座位制作成 4 张半大小的榻榻米，下面用三合土铺成，有个只能站一个人的厨房，厨房前面有一张 4 个座位的柜台，还有 2 张小桌子，店内共有 12 个座位。

母亲对我说："就在这里开餐厅吧。"

她对我说这件事时有点突然，当时钱都没有凑够。不得已，母亲向朋友借了钱，又垫上了自己的退休金和兼职打工攒的钱，共有 200 万日元。

店内用具和备用品都是我工作过的"那不勒斯厨房"送的。当时我称之为"老师"的总经理年事已高，店已经关掉了。因此从冰箱、椅子、桌子到烹饪用的锅碗瓢盆，我都拿了过来，并在椅子腿上涂了油漆，又打磨了各种器具，终于在昭和四十五年（1970 年）2 月 14 日，我自立后的第一家餐厅"厨房 KUNI"开业了。

店铺开业半年前，我有一个交往的女朋友，她叫重岛秋子。我想结婚成家后专注工作，因此在开业前一个月，我们结了婚，并办理了入户手续。新婚旅行回来后，我心情焕然一新，并开了业。

开店后，我每天都很辛苦，事无巨细，所有事情都由自己来做。秋子给了我莫大的帮助。她非常贤惠，大家对她的印象都很好。

不过，秋子也有和我争吵不断、意见有分歧的时候。但因为我们很忙，所以很快就忘得一干二净。

在此期间我们有了孩子。尽管如此，还是只有秋子来帮助我。连外卖都是她挺着大肚子抱着外卖箱帮我送。刚回到店里又去送，一直帮我到她临盆的前一天。

就这样我们的大女儿出生了。因为是剖宫产，所以必须住院一段时间。母亲就来店里帮忙。一直站着的工作很辛苦，母亲没有做过，我就让她打扫卫生，为顾客点餐，上菜。我能准确记住顾客的点单，哪个顾客吃了什么，于是对母亲说不用记账单。结账时母亲也能麻利地回应我，店里一片生气勃勃。

“厨房 KUNI”就这样开始了。这个只有 12 个座位的店铺，当时一天的营业额在 1 万日元到 2 万日元。营业额达到 2 万日元时，会让人感觉“今天太忙了！”。

“酒店出身的厨师会毁了店铺”

为了提高营业额，妻子直到住院之前还在积极地送外卖。通过外卖，我们店的顾客也多了起来。顾客家里的餐桌就相当于“厨房 KUNI”的餐桌了。如果我们把送外卖当作店内理应做的工作，那么顾客的数量会无限增加下去。因此，当外卖逐渐步入正轨后，我雇了兼职。虽然当时还不是外卖的鼎盛时期，但各种餐饮店都已经开始挑战这种销售方式了。渐渐地送外卖的摩托车在大街小巷随处可见了。

当时流行一句话叫“酒店出身的厨师会毁了店铺”。我在单干前后也有很多人对我这么说过。

那么，为什么酒店出身的厨师会毁了店铺呢？因为这样的厨师只会制作在酒店学到的料理，不会去考虑选址的问题。酒店卖的东西和街面上的需求完全不一样。我从在“山王酒店”工作时起，就把这种观点当作反面教材牢记于心了。

单干的话要制作什么料理呢？在东京下町区的向岛附近，一提到美食就是指油炸食品。因此“厨房 KUNI”最初的主打商品是炸虾和炸里脊，但此后我又在菜单中加入了意大利面、炒饭和鸡肉饭。因为我的考虑是，最初的主打商品还是颇有人气的，如果添加一些新菜品，既能提高老顾客的来店动机，又能增加新顾客。

但是增加菜品会让烹饪复杂起来，也会增加库存量。在注意到这些后，我很难抉择该删减些什么好了。

现在，“冷不防！牛排”店里只提供牛排。虽然也有米饭和沙拉，但主体还是“肉”。一定有人会害怕把菜单精简到如此程度。我在单干后开设“厨房 KUNI”时也害怕过，但是后来我灵光一闪，要想做成火爆的餐饮店，重要的是做出一个极品来。

得力菜品“牛排”的诞生

那么“厨房 KUNI”是如何限定菜单的呢？首先要下定决心以刚开店时的炸猪排为主流，“搞清楚自己是一家什么样的餐厅”，还要把得力菜品“牛排”加进去。

我在“山王酒店”时，每天都烤牛排。点牛排的人也渐渐多起来，只在厨房的我都觉得“以后一定是牛排的时代”。

于是我把牛排做成符合平民顾客的口味，以每盘六七百日元的便宜价格进行销售。但完全卖不出去。我反复挑战，还是没卖出去。我想：为什么卖不出去呢？尝了一下发现因为难吃。

确定了菜单后当然要先试吃。但我最初只顾着定价了。为了探究卖不出去的理由，我试吃了一下，觉得不好吃。原来我在卖只有菜名叫牛排但并不美味的料理。

“牛排是我向往的美食吗？是那个在‘那不勒斯厨房’刚学厨师时还没吃过牛排的我对前辈说‘想吃牛排’的吧？向往的美味牛排，如果不令人感动是不行的。”

我自己明白了这个道理，于是下决心卖自己觉得好吃的牛排。在店里吃饭的顾客就是审查员。他们会一边吃一边思考好吃还是难吃，价格高还是低……然后判断有没有再次光顾的价值。

我挑战过好几次之后，牛排确实变好吃了。为了吸引顾客，我估算着他们到店的时机，把牛排肉“砰”地一声放到柜台中央，并用一次性筷子把一张写着“这是今天的牛排”的小卡片插在上面。因为柜台很小，顾客即使不喜欢也能看到牛排。

但顾客都是有预算的，所以大多数顾客只是看看而已。然而吃过一次牛排的顾客下次还会再吃。就这样，吃牛排的顾客一点点多起来。因此我想：

“顾客想吃牛排的时候，都会豁出钱来下决心吃的。所以即使价格高一点也要追求美味的牛排。”

我在卖牛排的时候，发生过这样一件事。那是昭和四十七年（1972 年），当时流行打保龄球。给保龄球场提供石蜡的公司，一个月要点好几次 4 人份、5 人份的牛排外卖。为了让保龄球的球道有光泽，要涂油。据说他们雇用了学生兼职来涂。而“厨房 KUNI”当时除了牛腰肉排外刚开始卖烤里脊，他们还点过 3500 日元的高价烤里脊。这让我真实地感受到保龄球场的经济之繁荣。

因为他们点过很多次，所以我问他们“都是怎么吃的”，他们说是盘腿坐在保龄球的球道上吃的，真豪爽啊。这是一个例子，其他地方也有人点过很多次单。同样的顾客能吃好几次，也说明我们的东西的确好吃。

“厨房 KUNI”从烤猪肉中得到启示，创造了“烤猪肉柠檬烧”。它是最畅销的商品，但因为牛排也畅销起来，所以我下定决心把它从菜单中删除。

这样的经历反复多次，我对店里的菜单不再迷惑了。主打商品定成了“牛排”“炸猪排”“炸虾”。“厨房 KUNI”由此变成了一家“西餐厅”。

成就生意兴隆的各种创意

“厨房 KUNI”开始在装盘上下功夫，所以卖得更好了。

开始卖牛排前不久我注意到一件事。顾客虽然会点炸虾和汉堡牛肉饼，但他们开始吃的时候，就会把自己单点的汉堡牛肉饼和炸虾分成份儿放到对方的盘子里说：“把我这些也吃掉吧！”我想，如果在每个人的盘子里都放有炸虾、牛排和汉堡牛肉饼，顾客肯定会吃得很开心。现在它被称为“拼盘”。这个菜品变成常规商品后，顾客非常开心，客流量增加了，营业额也一下子增加了。

我还进行了以下改革。

“顾客第一次从外面看我们店的时候，会不会认为不容易进来？”

要是能看到店里的情况就好了，但是我们无法更换现有的磨砂玻璃。因为需要花钱。我认为要让过往的顾客了解我们有什么吃的，多少钱能吃到这一点很重要。而我又不喜欢摆放样品。于是，我买来一块板子，在上面写明每种料理的菜名和价格，像“炸猪排套餐、加赠米饭味噌汤共 800 日元”等，并把它用线吊在店外作装饰。这样一来，外面的顾客就很容易知道“厨房 KUNI”这家西餐厅是一家什么餐厅，吃一顿饭要花多少钱了。我想这应该能让顾客产生“想尝尝”的欲望，会为“好像很好吃”“进去试试吧”等制造可能性。

此外，我觉得店里的顾客人手一份菜单很麻烦。所以我就把菜单贴到墙上。我把菜品和价格写在一张黑色亚光纸上，菜名最初是找专人写的，但因为经常改变内容，所以最终由我自

经常观察顾客，思考能够让他们开心的创意

己来写了。令人不可思议的是，这让我写就了一幅好菜单。

“厨房 KUNI”的座位从 12 个增加到 24 个。新增加的 12 个座位，安置在店铺最里面我们家的婚房里，有 4 张半榻榻米大小。晚上店里人多的时候，我就请顾客在那个 4 张半榻榻米大小的地方用餐，我请木匠把那个地方做成了座位。这样餐厅就够用了。最终我在这里经营了 9 年。

顾客“用餐瞬间”的启发

总之，为了提高自己创办的“厨房 KUNI”的营业额，我绞尽脑汁地拼命挑战。通过外卖，我们突破了店里的客流量限制，营业额突飞猛进；菜品增了又减，最后制作出了得力的招牌菜品；我制作了一个菜单布告，让路过的顾客轻松知道这是一家什么店，并能引导他进来看看，还便于点餐。

我在厨房制作料理的同时，经常留意顾客用餐时的嘴形和表情。我想通过观察正在用餐的顾客，知道他们对所点的料理是否满意，获得与下一个创意相关的信息。

观察顾客用餐时的表情很重要，其根源来自我在学厨师时的发现。只关注眼前所做的料理，产生不了任何新创意。所以，观察顾客用餐的表情是很重要的。“想着顾客想吃什么，还要想着还有什么料理能让顾客吃得开心。”……这一切都是为了让顾客“用餐满意”。

学厨师时，每当我对工作方法感到迷茫时，便会习惯性地去请教某个上司。

我会大声地跟他们搭话：“○○先生！○○领导！”

但是我独立门户后，在工作方法上感到迷茫时，已经没有搭话的人了。

“依赖别人是不会有长进的！”

因为没有能在工作上为我答疑解惑的人，所以我要自己努力搞清楚一份料理要以怎样的形式呈现。例如，炸猪排的时候为什么要在放面包粉之前先在肉里放小麦粉和生鸡蛋呢？为了探明这些，我养成了用自问自答的方式直到得出答案的思考习惯。

因为营业额的提高和座位的倍增，“厨房 KUNI”已经具备了良好的经营环境，但是规模扩大，带来了最大的困扰“人的问题”。

当初是我和秋子两个人一起经营。后来秋子生孩子，母亲又来帮忙，再后来由于规模的扩大，我聘用了兼职。然而这却形成了一个恶性循环，我本想着他们过 2~3 个月就会稳定下来，他们却辞职了。或许是因为家族式开店的环境给人一种待不下去的氛围吧。

正在这个时候，我在静冈的哥哥的儿子高中毕业，他说想练打拳击，我劝他说："到我这儿来吧。"

学习创造快乐工作环境的方法

当时，"厨房 KUNI" 附近有一家拳击俱乐部。所以我跟他介绍说："想打拳击的话可以从我这里过去。" 于是他便来了东京。

他到 "厨房 KUNI" 工作后，很快就成为正式员工。他是一个人品好又很有耐心的年轻人。这让刚来的新厨师工作得也很愉快，都愿一直留下来工作。

现在回头想想，当时我真是一个没用的店长。在店里工作的侄子一有点不好的地方，我就会发怒："你怎么连这点事都做不好！" 类似的事发生过好多次，但他都没有辞职，真有毅力啊。

他人品好，有耐心，有毅力，所以有时会提醒我：

"没必要完全一样吧？人本来就有各自的分工啊。"

姑且不说他工作得好不好，多亏了他人品好。店里的氛围变好了，也没有员工想辞职了。我从他身上学到了一个道理，就是维持一个让大家快乐工作的环境多么重要。

如今他在静冈经营一家西餐厅。当他妻子感谢我说 "孩子能把店开得这么好，多亏了邦夫你的严格教导”时，我都感到难为情了。

我当时在稳定经营“厨房 KUNI”的同时，还抱有扩大店面的野心。我虽然有这个欲望，但实际情况是扩大不了。

在“厨房 KUNI”开业快 3 年的时候，我向开店时的恩人诉说了我的烦恼：

“无论怎么努力都做不大店面。我感觉到了极限。”

于是他对我说：

“说什么呢小邦！当上厨师又能自己开店已经很难了，而让这个店生意兴隆起来更难。没有人能坚持 3 年。小邦，你不是做得很好了吗?”

我想他是在暗示我“欲速则不达”，不要着急，先做好当下的工作，自然而然地会找到解决方案。我在用心经营“厨房 KUNI”的过程中感觉到，一个个想法终将成为继续前行的宝贵经验。

不知不觉成了“不谈梦想的经营者”

“厨房 KUNI”开业 9 年后的昭和五十四年（1979 年）7 月，我建了一栋 4 层高的大楼。离我在向岛的创业地大约有 150 米，

1 楼和 2 楼是店铺，大约有 60 个座位，店名叫“牛排 KUNI”，3 楼和 4 楼用来居住。当时店里有 3~4 名员工。

但是每年一定会有人说：“总经理，我有话要说。”每当这时我都烦得不得了。我一旦佯装不知道，那个人就会从某个时候开始不来店里上班了。他是好不容易才被录用的，却还是辞职了。掌握了工作技巧的优秀员工辞职，对当时的我来说，是因为我欠缺沟通能力。

为什么会有人辞职？因为当时的“一濑邦夫”没有了梦想。我过起了小店主般的安逸生活。我从 18 岁开始学厨师，到入职“山王酒店”，“未来的梦想都是成为一名日本屈指可数的厨师”。

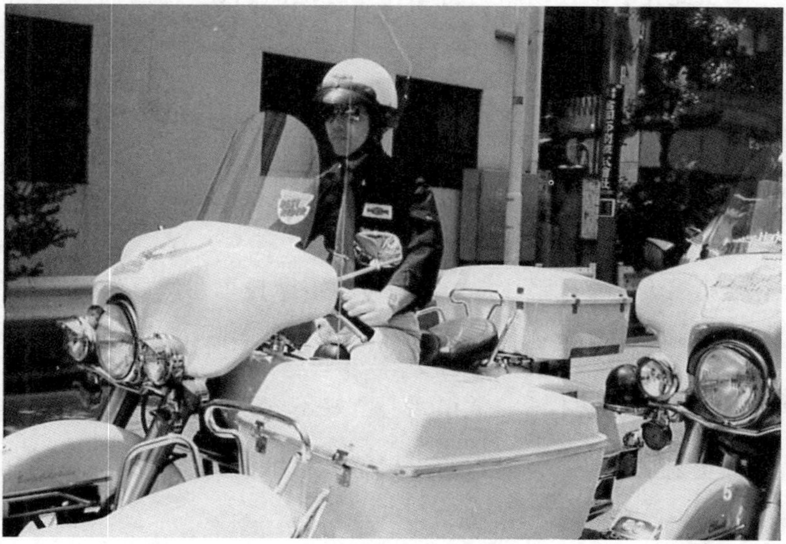

休息日骑着哈雷摩托车兜风

这个梦想不知不觉地消失了，我当起了一家店的老板。营业额一般，钱也够用。休息日我会去打高尔夫、钓源五郎鲫鱼、吃小吃，就这么四处闲逛着。

一般人制作哈雷摩托车的塑料模型要花上大约 1 周的时间，我曾经一个晚上就完成了一台。因为我用了一个通宵，所以在厨房的时候就困得不得了。在做模型的过程中，我渐渐想要真的哈雷摩托车了，于是空闲时我花了半年多的时间考取了摩托车驾驶证。最后买了一辆哈雷摩托车。骑哈雷摩托车前，我先用排气量 750cc 的本田摩托车来训练身体，然后才买了盼望已久的排气量 1340cc 的哈雷 FLH 摩托车。

从此我多了一项骑哈雷摩托车兜风的兴趣。我很享受公休日的周一骑着它从向岛到伊豆半岛绕行一周的乐趣。

某个周一的前一天，我在清洗金属篓筐时，被上面松开的一部分“扑哧”一声刺破了大拇指。对一个厨师来说“这种事是家常便饭”，我完全没放在心上。

第二天，我还跟往常一样骑着哈雷摩托车在伊豆半岛兜风，但是感觉体温越来越高。当我发现的时候大拇指已经肿得不行了。我开始意识不清，觉得恶心，好不容易才回到了家里。然后就立刻住了院。大拇指的骨头感染了细菌化了脓，我被迫住院 40 天。

在我住院期间成长起来的员工

当时店里有 3 名员工。我对妻子和他们说："我住院期间店铺停止营业。"但他们说："请把店交给我们吧。"虽然我的信念是"没有一濑邦夫的店就不是我的店"。但又抵挡不了他们的热情，就把店交给了他们。

40 天的住院生活给我的人生带来了巨大转变。因为我出院回到店里后发现，这 3 个人都成长得让我刮目相看了。他们在店里很有自主性，正在一丝不苟地工作着。虽然营业额多少有些下降，但顾客的笑容还像往常一样，而且与我在店里时相比，氛围稍有不同，反而更好了。

"试着把店交给他们一段时间吧。让他们想一想接下来该做些什么。"

于是我对他们说："我想去充电旅行。"他们说："请去吧！"我乘着新干线，从大阪到小豆岛、金毗罗。最初我是漫无目的旅行，心想"中途只要想回东京就回去"。但一周过后我就想家了。

"快点回到店里工作吧，做一个有梦想的经营者。"

就这样我下定决心回到店里努力工作。

从四国到达新大阪已经过了 21 点，没有开往东京的新干线了，于是我搭乘夜间列车回了家，结束了这次旅行。

回到久违的店，打开店门便看到了一封信，来自 OGM。或许是他们给大多数餐饮店寄的信吧。我如饥似渴般地阅读了这封信，并在下个周一急急忙忙地去了东京水道桥的 OGM。日本各地的很多会员企业经营者和经理都来了，他们同 OGM 的榊芳生总经理以及各位企业顾问展开了热烈的讨论。我看到那个场景后心想，这为我成为一名不同于以往世界的经营者打开了一扇门。

OGM 以榊总经理为首的很多企业顾问专门面向地方的餐饮业经营者进行热心的指导，帮助他们成长。我的店里当时没有经营骨干，也只有我了解经营。我想“这个 OGM 会教给我经营的方法，我应该会学到很多东西”，所以我决定接受 OGM 的指导。

第一次和榊总经理面谈时，他对我说：

“一濑，你还年轻，以后能经营 3 家店铺。”

听到他这么说我很开心，带着能当 3 家店铺店长的心情回到了店里。此后过了 2 年，“厨房 KUNI” 在两国、吾妻桥、新小岩都开了店。

对一起同甘共苦的妻子的悔恨

当时，OGM 的榊总经理对我说：

“母鸡一叫，店就会倒闭。”

意思是指，丈夫和妻子是店铺的经营者，丈夫外出到各地学习，回到店里想实践自己学到的东西时，妻子会说：“你这是多此一举。”所以不会有所改变，会永远照旧经营下去。因此榊总经理说绝对不要让女性经营者开店。

我向来绝对相信榊老师的教导，所以按照他的意思对妻子说：“你不要再管店里的事情了，上楼（大楼里的住处）待着吧。”后来想想，这太让妻子难堪了。她和我同甘共苦了十一二年，我却不分缘由地不让她工作了。妻子因此哭了很久。

从某一天开始，妻子白天都不在家，到了晚上才疲惫不堪地回来。我后来发现她在日本桥的一家寿司店打工。

一个星期之后，我去拜访了那家寿司店。“请让我的妻子辞职吧。”我说。寿司店的老板说：“我们还以为发生了什么事呢。”于是我向妻子道了歉，并求她说：“还是一起料理店里的事吧，好吗？”

我能坚持开店都是妻子的功劳。其实我们经常吵架，但她对顾客真的很细心。店里的顾客并不是因为我来的，而是因为我的妻子才来的。我在妻子病逝后才明白她的好。我那时49岁。

妻子死后，我思虑万千：“要是对妻子再好点就好了。”我抑制不住自己的眼泪，痛苦不已。

毫无计划地开分店且不会训斥员工的总经理

店铺扩张就要雇用员工，所以员工数量多了起来，借款也增加了。于是我突然陷入了僵局：一方面为员工的辞职头疼，另一方面必须缩减庞大的借款。这都是我不会训斥员工导致的。

我不训斥员工等同于我这个总经理不在场。我连向员工传达自己的指示和意见都不会。员工有什么事对我说时，我都是搪塞过去："啊，这样啊。我知道了，我知道了。"营业额也就自然而然地月月下滑，最终所有的店都是赤字。

对此，我却束手无策，只能一味地拖延下去。最后我还动用了亡妻的人寿保险。这些钱原本是留给孩子的，但是我不能让公司就这样倒闭了。会计对我说："这个月营业额不到 1000 万日元。""发不起员工的工资了。"因此我从银行账户上 100 万日元、150 万日元地分次取了这些钱。账户里的钱见了底，最终连存折里的钱也没了。

我一个人的时候冷静了下来，终于醒悟了。

"绝对不能倒闭！"

为此，我首先要改变自己，都增开到 4 家店铺了，对员工不能再什么都不说了。于是我花了一个晚上研究出了一套重建经营方案。

具体内容如下：首先将骨干员工、店长和一般员工的薪水缩减 10%~15%，将计时工和兼职的时薪降低 50 日元，取消定期涨薪和奖金，也不再举行慰劳员工的旅行活动。其他方面也尽可能重新策划实行。

在坚决执行这些方案前，我事先找了每位员工单独做思想工作，因此出现了“我跟妻子商量一下”“那样的话我就辞职了”等各种各样的声音。我做完思想工作后，召集全体员工正式传达了方案。

不是对训人的总经理而是对不训人的总经理绝望的员工

我当然能预测到这会遭到员工的反抗，其中一个店长就对我说：

“总经理，请停止减薪吧。不然全体员工都会辞职的。员工辞职了生意就做不下去了。总经理，那样没关系吗？”

他的这番话让我冷静了下来。这一瞬间作为管理众多员工的经营者的自觉油然而生。我声音沉稳地对大家说：

“再这样下去，店铺必须全都关门了。所以想辞职的人现在请马上从这里离开。”

我屏住呼吸注视之后的情景。声称“全员辞职……”的那个店长自不必说，最终没有一个员工从这里离开。

因为在场的所有人都感受到了我改革公司的决心。

没有一个员工辞职，3 个月后，公司的经营步入了正轨。我正确地做了一个总经理该做的工作。我首先盼望能为顾客带来喜悦，为此我从菜单的内容到促销的方法，都做了透彻的考虑。后来我把工资提升回了之前的水平，还发放了奖金，并让大家去旅行，以示慰问。

现在，每当有演讲的机会，我都会讲述我经历的第一次最大危机。来听我讲座的人几乎都是经营者。大家在经营方面最为苦恼的就是“人的问题”。每当我这样说后，都会引起在座的共鸣，这是我的深切体会。

不管怎么说，招致这第一次危机的是我自己。毫无计划地开分店，结果脱离了现实。

我不想使用“辛劳”这个词。“辛劳”写作“辛苦的劳动”，意思是没有收获的劳动。即使因为一连串的事情很辛劳，我还是希望你能从劳动中有所收获。

我从这次危机和摆脱危机的经历中学到：

“没有因为被训斥而辞职的员工，只有对不训斥自己的总经理感到绝望而辞职的员工。”

第3章

“胡椒厨房”的诞生

被同行经营者的成长触动

一开始，我既不训斥员工，又对公司的赤字放任自流，员工们对我这个总经理瞠目结舌，甚至威胁我说："集体辞职吧。"这是公司当时的重大危机。但是，用了3个月时间，全公司上下齐心协力，致力于恢复业绩，避免了这场危机，让公司回到了正常的经营状态。这期间，我竭尽全力努力经营，延迟向供应商付款并请求他们同意，拜托金融机构允许我们暂时只支付利息。能够摆脱这场危机，得益于所有人的共同努力。我也把日产CIMA新车换成了15万日元的箱型汽车（VAN）。

然而，我时常苦恼于一贯的人才不足问题。为了摆脱这种状态，我开始探寻一种没有厨师也能经营餐厅的模式。诞生于20世纪70年代，在20世纪80年代获得急速发展的家庭餐厅（Family Restaurant），背景就是这种没有厨师模式。

在OGM和经营者同行们一起积累学习的体验给了我很大影响，让我坚定了这个想法。如之前所述，OGM是以领导者榊芳生老师为首的顾问集团。在地方经营餐饮店的经营者们向这个集团的人请教，并不断努力使各自的事业实现突飞猛进。

从昭和步入平成时代之际（20 世纪 80 年代后半叶），OGM 公开了这些经营者创造的兴隆事例，并将其中的优秀事例模式化，为其他经营者开设新店提供帮助。这些包装有条有理，帮助综合性的和食餐厅、拉面店、炸猪排店、烤肉店等类似专卖店陆续开业。

进入 20 世纪 90 年代后，在 OGM 学习过的经营者们陆续把 5 家店迅速发展成 10 家店，把公司的年营业额从 5 亿日元迅速增长至 10 亿日元。地方城市的街面上随处可见的餐饮店都是相似的店铺设计、店名和 LOGO。

我身边的经营者都发展起来了，我却依然存在人才不足等诸多问题。我对此深感苦恼，并认为：“我一濑怎么也不会做大……”

但是，我做不大是因为我有坚持的原则。

我并不想模仿其他经营者开设火爆店铺。我想拓展以自己的方式进行稳定经营的牛排店。虽说这些模式有条有理，但我完全没有突然着手其他行业的想法。然而，人才是很难培育起来的。按照我对扩展业务的审美来看，不培养厨师是没有办法增设店铺的。

那就干脆“考虑不需要厨师的业务吧”。

这个一以贯之的念头为发展牛排店的我开辟了新的舞台。

正所谓“危机之后必有机遇”。

日本产业务用电磁炉 1 号机的诞生

一天，我得知有一种特殊的铁板结构可以提高保温性。只需要事先加热这种铁板，然后把肉放在上面烤就行了。如果是这种方式，仅凭厨师一人就能应付很多人用餐了。

于是我马上在“牛排 KUNI”两国店尝试使用了这种铁板，做出来的牛排很美味。只需要事先加热铁板，然后放上牛排和配菜就行了，就算临时工也会操作。所以，我在制作午餐牛排时采用了这种铁板。

但是有必要改良一下加热铁板的热源。最初是用煤气来加热铁板，但加热到 260℃ 的适合温度，需要开足火力 7 分钟。整个午餐时间段要一直把多个火源开到最大火力，所以厨房里会变得非常热。员工们也对用煤气加热铁板表示不满。

于是有人向我提议，用电磁炉代替煤气来加热铁板。然而，当时的电磁炉只有家庭用，并没有用于餐饮店的高功率电器。于是我请电力公司和厨具制造商按照铁板的尺寸开发高功率电磁炉，并与铁板组合成一个模块。这就是日本产业务用电磁炉 1 号机。

我立刻把它引进到“牛排 KUNI”两国店里来。业务用电磁炉 1 号机的发明是划时代性的，加热时间得以大幅缩短，保证了出餐速度。而且不需要开足煤气，所以极大地改善了厨房环境。

这个消息传开以后，日本全国电力公司的干部们每天都到两国店来参观。当时必然被问到的问题是：“电费怎么样？”我对此回应道：“前后都没有余热，效率很高。”

所谓“前后的余热”是指，例如在使用电炉时，在达到适合烹饪的温度前，会同时放热，很耗时间；此外，即使烹饪结束后切断了电源，把铁板冷却下来也需要一段时间。

但如果使用电磁炉，一接通电源就能马上达到合适的烹饪温度，一切断电源也会立即结束。因此完全没有浪费，不会影响厨房的空气，也不会提高厨房的温度，所以能大幅度节省电费。我向日本全国电力公司的干部们解释了电磁炉的这些优点。

人气菜单“胡椒牛肉饭”的诞生

为了用电磁炉代替煤气作为热源，我在制造商们的协助下反复摸索尝试。“加热过头怎么办？”“不加热了怎么办？”在考虑了多种功能后，我取得了配有感应装置的电磁炉的专利。

这是厨房的技术革新。

目前为止的常识认为通红的火焰或者炭是烹饪温度所需的热源。而电磁炉没有火焰，却具有煤气火焰数倍的能力。我确信它就是肩负下一代使命的21世纪新型热源。

如今，在餐饮店使用电磁炉已经理所当然了。但是，最先触及电磁炉并推广到餐饮业的是我，是之后会详述的“胡椒厨房”。我的今天与那些过往的一次次经历息息相关。

我脑海中还闪现出了菜单的灵感。

有一天，我外出回来，看到妻子已经关门，正在店里吃饭。吃的是把碎肉和饭放在铁板上烤，再用牛排酱汁调味的食物。一开始我也没有注意到，但是另一天又看到妻子在吃同样的东西。妻子说“这个很好吃”，劝我尝一尝。我吃了一口，的确很好吃。坦白说看上去不怎么样，但是吸满了肉汁的米饭味道非常棒。

我突然意识到“这能成为商品”。除了酱汁，我还在妻子吃的东西上加了黄油等进行反复尝试，并在引进电磁炉的两国店的午餐菜单中提供了这种食物。当时标价1000日元，价格略高，但是广受顾客好评，成为人气菜单之一。

这就是“胡椒牛肉饭”。它标志着之后“胡椒厨房”畅销菜单的诞生。尤其在国外的“胡椒厨房”中是遥遥领先的人气商品，六成以上的顾客都会点。

进口牛肉的贸易自由化使灵感具现

进口牛肉的贸易自由化（1991 年 4 月）就在眼前，我反复想着绝不能跟不上这次浪潮。

当时正值日元升值时期，如果贸易自由化，进口牛肉会变得更便宜。这样一来烤牛排的相关领域也能得到扩展。我平时一直秉持“让更多顾客吃到更多美味牛排”的信条，所以我想终于可以如愿以偿了。

当然，这次机会不仅是针对我们公司的，它平等地提供给了每一个人。从便宜的牛肉中嗅到商机的人们会陆续加入到烤制低价牛排的业态中来。原有的牛排店会降低价格与之竞争。这种低价竞争正在愈演愈烈，不过对我来说是一件非常危险的事。

简言之，“不存在低价提供牛排的经营方式”。

牛肉的相关领域一旦得到扩展，意味着牛排店，连同烤肉店在内的其他经营牛肉的店铺也会进行低价竞争，竞争对手会越来越多。然而，这些店的顾客未必会大幅度增加。一时的牛肉热潮也许会受到顾客的关注而生意火爆，但顾客数量稳定下来后，牛肉价格越低，营业额越会下降，利润也会不断减少。

那么，怎样“让更多顾客吃到更多美味牛排”呢？

想吃牛排的顾客主要是年轻人。为了让他们能一周进店多次，必须把价格压低到600~700日元。这种想法有悖常识，谁都没有尝试过。那么在这种价格下怎样增加利润呢？我突然想起了铁板和电磁炉的结合。

这种组合的启发让没有厨师的灵感不断成形。主打商品是“胡椒牛肉饭”，它是一种通过电磁炉加热铁板来提供的商品。

其最大的要点是“低价销售美味牛排”，而且是以打破常识的低价格。而低价销售会使成本率变高，于是我就在降低人工成本上下功夫，就是像吉野家那样提供柜台服务。同时引进做饭机器人，用售票机（现在不再使用）进行预付款。这些做法，即使人手很少，也能运营起来。

简言之，它就是一种快餐式提供牛排的业态。然而，这种业态在日本乃至全世界都是史无前例的。即使向员工和周围的人解释这种业态的创意，也无人能懂。

我就这个想法找OGM的榊老师去商量，结果他马上说“不行”，并且说了很多遍。为什么“不行”呢？

“应该没有这种先例吧？

“欸，用售票机卖牛排？售票机也就能在车站卖荞麦面、咖喱之类的东西吧。还要让顾客用铁板烤牛排？太荒唐了。”

我的想法就这样被完全否定了。但是我认为做“没见过也没有做过”的事才有意义。然而仅因为“没有先例”就被这位一流的企业顾问否定了。

这种构想有那么异想天开吗?

我在思来想去的过程中一步步增设了多家牛排连锁店进行低价销售。

这种趋势推动着我继续前进，使我的公司成为连锁企业。这就是“胡椒厨房”的诞生。

与 1 号店店主矢岛先生的奇遇

我想让这种前所未闻的“快餐式提供牛排的业态”问世的想法越来越强烈，于是下决心参加 1994 年 3 月召开的宾馆餐厅展（Hotel Restaurant Show）。当然我没有自己搭建展位的经济能力，既没有示范店，更没有具体的店铺形态，所以我决定向有交情的中尾 ARUMI 借展位的一角，把“牛排 KUNI”两国店的电磁炉带过来，并在那里实际演示。

宾馆餐厅展举办了 5 天。我当时很喜欢抽烟，常常大口抽烟，但我在会展期间完全没有吸烟。因为在吸烟休息的时候可能会有人来参观，所以我没有休息，一直待在示范店里。其间无数人试吃了我用电磁炉加热、保温性极高的铁板烹饪的“胡椒牛肉饭”。

试吃的时候一直有人排队，但我并没有感受到这种业态得到好评的效果。不过有一个人对此产生了兴趣。这个人就是后来成为“胡椒厨房”1 号店店主的矢岛纪男先生。

我与矢岛先生能相遇是个奇迹，到现在我都忘不掉那个瞬间。事情发生在宾馆餐厅展的最后一天，而且是即将结束前、播放通知会展结束用的“萤之光”旋律响起的时候。为了向哪怕再多一个人进行说明，我不停地演示着，都忘记了时间。这时到场的人逐渐减少，而最后一个来试吃的人就是矢岛先生。

之后我问了矢岛先生，得知他当时和他的兄弟一起经营着一家超市，曾经是一名厨师。他看了我的演示后受到了启发。如果矢岛先生没有这样的经历和商业天赋，大概会和其他人一样对这种“前所未闻的业态”置若罔闻吧。而且，如果我想着“就要结束了”而提早收摊，也就不会遇见矢岛先生了，也就不知道“胡椒餐厅”能不能问世了。正因为如此，我觉得和矢岛先生的相遇真的是个奇迹。

让构想具体化的合伙关系

矢岛先生担任店主的“胡椒厨房”1 号店大船店在 1994 年 7 月 3 日开业，是我和矢岛先生相遇仅 3 个月后的事情。也就是说,“胡椒厨房”不是从直营店而是从加盟店开始的。

前面讲过，为了让这个前所未闻的业态问世，我才有了去宾馆餐厅展参展的想法，但因为没有参展费，就向别人借了个展位。也是同样因为没有足够的资金，所以在参展之际我抱有的希望是，通过特许经营（FC）权能够有效利用他人资本，把这种独创的经营形式一气呵成地推广开来。

然而，我没有正式学过 FC 体系，没有经营指南，更不懂加盟合同。这些都是我在即将签订合同的前一天花了一晚上用打字机制作完成的。

对我来说，矢岛先生是一位出色的合伙人。是他把“前所未闻的业态”这一笼统的构想变成了“快餐式提供牛排的业态”。我向矢岛先生讲述了这个构想，在讲述的过程中他整理了我的想法。顾客的坐席和厨房的布局以及外观就这样被定了下来。

包括“胡椒牛肉饭”在内，牛排菜单共有 6 道主打商品。其他商品仅有味噌汤、沙拉等配菜和饮料。价格定位为“牛排 KUNI”价格的一半，价格区间从胡椒牛肉饭的 630 日元到“上腰肉牛排”的 900 日元。为了便于从店名联想到商品，我们将在“牛排 KUNI”受欢迎的胡椒牛肉饭（Beef Pepper Rice）和希望顾客一整天都能以午餐（Lunch）的价格吃到牛排的想法结合起来，把店名定为“胡椒厨房”（Pepper Lunch）。

随着和矢岛先生的交流，店铺的样子愈发鲜明起来。用打字机制作指南的时候，我沉浸在仿佛店铺已经增至 100 家、200 家的情绪当中。矢岛先生在和我交谈的过程中，情绪也好像高涨起来，对我说道：

“我完全不介意没有示范店这件事。我想铁板和电磁炉的结合定会大受欢迎。我相信它会通用于全世界。”

尽管他与我的想法不同，但一直对此深信不疑。就是这样的合伙关系才使 1 号店得以完成。

矢岛先生热切地希望成为极具可能性的 1 号店的店主。

1 天 500 人进店的大盛况

1 号店大船店开业以后，我越来越确信这种经营形式会超出我的想象。指南是我看样学着制作出来的，既没有研修的地方也没有时间去学，所以是在没有事先准备的情况下进行的突然练习。开业之初，我决定担任烹饪，请矢岛先生负责清洗，矢岛太太负责大厅，进行现场教授。

此外，虽然在练习场设有现成的餐厅，但我觉得不能在那里进行研修。理由是在现成的餐厅有厨师，开“胡椒厨房”的人会被厨师灌输“要这样烤肉……”之类的常识，而我想避开这些。我认识到原有的餐厅和新业态“胡椒厨房”完全是两码事。

1994 年 7 月 3 日开业第一天，大船店异常热闹。有事先就告知顾客开业前 3 天所有商品半价的原因，20 坪的小店里一天就来了 500 位顾客。更令人震惊的是，500 位顾客的料理都是我一个人做的。

这个“胡椒厨房”的铁板和电磁炉的结合形式已经在“牛排 KUNI”引进过，所以我已经用习惯了。但是我在“牛排 KUNI”的时候，并不是只有我一个人，而是和其他烹饪工作人员一起工作的。

第一次由我一个人来烹饪所有料理是在大船店。尽管如此，我却能在一天内有条不紊地处理 500 人的点单，这令我非常兴奋。

在回家的计程车上，我入迷一般地对司机说道：“总之这个牛排店是很厉害的经营形式哦。”

前所未闻的构想有了轮廓，而且变成了一家比想象中还要火爆的店铺，这令我如痴如醉。

分店开得过快招致倒闭危机

1 号店大船店开业 2 个多月后，1994 年 9 月 27 日，1 号直营店浅草店开业。那之后，我接连不断地开设这一前所未闻的业态“胡椒厨房”的分店。1 年后已经形成了 8 家直营店和 2 家加盟店的规模。

我当时开设分店的战略是，将店重点开设在对本部周边地理和情形都比较熟悉的以下町区为中心的二、三等地段。这是因为我认为在这片区域开设店铺有优势，以期提高效率。话虽如此，但“胡椒厨房”的知名度并不高。我真是胆大妄为，对“把这样的店开在二、三等地段真的没问题吗”都没有感到不安。

我为什么如此大胆呢？因为我被挚友的一句话弄得忘乎所以了。他在大船店开业的第二天特意前来拜访，对我说：“总经理，您这样会成为亿万富翁啊。”

现在想想，那不过是一句祝福的话，纯属社交辞令而已，我却完全放在了心上，急着开分店。

大船店的选址算不上好，之后开设的分店也都大同小异。但是每一家分店开业时进行的“半价促销”活动都奏效了，最初 3 个月的营业额都在 500 万~600 万日元。

然而过了 3 个月，当经营状况稳定下来后，营业额就急速下降。加盟店还能靠店主的努力想办法重整旗鼓，直营店却面临着所有店铺赤字的悲惨状况，倒闭已迫在眉睫。

我想这也是理所当然的事情。我沉醉于这一前所未闻的业态的优越性，只想着先把店铺数量增加起来，以为“加盟店生意这么好，直营店的生意应该更加好才对”。

所以我没有对店铺选址进行充分的调查就决定开业，并在内部装修施工的同时招募员工。

我想着不增加员工就没办法开设直营店，所以录用标准也非常宽松，没有进行足够的训练就把新店交给了员工。

挽救倒闭危机的“委托合同制度”

我光忙着开分店，也没有监督人，所以在卫生和服务方面都马虎起来。没有物流系统，食材的采购全都委托给了各店的店长；还时常出现遗漏采购的状况，菜谱明明很简单却总是断货。

和繁华的商业街不同，在二、三等地段很少有顾客来，新顾客又少得可怜。所以只靠回头客维持经营。不管商品有多好，如果断货，或者在卫生和服务方面让顾客感到不满意，顾客自然就不再上门了。

总而言之，过快地开设分店导致倒闭迫在眉睫，主要原因是人的问题。加盟店的店主是赌上自己的人生，所以他们会全身心地经营自己的店。正因为如此，在开业盛况结束以后营业额即使有过一次下降，他们也会反复进行各种努力来挽回营业额。

但是，直营店是由从公司拿工资的员工运营，即使营业额下滑，他们也不会为生活所困。可以说，他们缺少了埋头苦干的拼劲。

我采用“委托合同制度”渡过了这场危机。就是说，店铺仍然属于公司所有，而把运营委托给事业心强的人。这个制度也是基于一次机缘巧合。

有一天，我正在为直营店的运营苦恼，有个人来公司拜访希望加盟。他原本是一名厨师，据他说，之前一直想加盟连锁便利店，后来看到了石原店（现在已经不存在了）的开业盛况，就改变了想法，“想做‘胡椒厨房’”。但要想成为加盟店的店主需要一定的资金，我向他说明后，他说：“我没有那么多资金。”

我觉得很不可思议，就问他：“你一直想加盟便利店，却没有资金吗？”他告诉我：“便利店有一个制度是凭借很小的资本就可以开业。”这件事给了我启发，让我决定在自己公司也尝试一下委托合同制度。

于是我把石原店交给他运营，结果营业量飞跃增长。理由和加盟店相同，因为经营委托人的收入是和营业额挂钩的，增加营业额也会增加收入。因此，经营委托人会和加盟店的店主一样，亲自到店里去努力增加营业额。

我马上把营业额不佳的直营店转换成了委托合同的方式。通过这种办法总算摘掉了直营店赤字的帽子。

在危机四伏时举行大会典礼，创办公司内部报刊

营业额虽然稍有回升，但是公司已经处于倒闭的边缘，所以公司里弥漫着凝重的氛围。我正苦于士气低落时，想起了小时候母亲对我说过的话：

“邦夫，没有人会给干枯的树木浇水。”

确实，如果“胡椒厨房”的人完全丧失了希望，不管怎样施以援手都会徒劳而终。我想，在这之前最重要的是给他们梦想和希望，并且还要鼓足干劲不让顾客们产生信用危机。我依照从母亲那里学到的这句话，决定举办盛大的创业 28 周年纪念大会，并以此作为公司内部的动员大会。

1997 年 5 月 7 日，我在东京都江东区东阳町的东 21 酒店（Hotel East21）举行了大会典礼。由于开分店过于匆忙，当时已是债台高筑，无法再筹措到资金。我却对此只字不提，一心想着要尽情举行一场盛大的典礼。当天所有店铺全部休业，并邀请加盟店店主、全体员工，以及合作企业的各位同人前来参加，

也有很多其他公司的同行跑来祝贺。在大会上，我构思了“胡椒厨房”的未来。

这次大会大获成功。会后店主和员工们都表情愉悦，也向合作企业的各位同人表明了我们公司的干劲。我自身也无法抑制激昂的心情。

大会典礼结束后，当时身为部长的松本纮对我说：

“总经理，大满贯啊。”

我当时不知道大满贯的意思，后来听说是在网球四大锦标赛上都取得冠军的意思。这么说来，举行这次典礼的意义以及给员工们带来的影响可谓是“奇迹”了。

自那天以后，公司再次恢复了活力。正因为如此，我想着要把全体员工都获得精彩体验的这次典礼以某种形式留存下来，于是决定立刻发行公司内部报刊。这就是现在仍在持续发行的《马上行动》（公司内部报刊）的开端。创刊号是 1997 年 5 月 15 日号。从此每月发行 1 刊，到 2015 年 2 月共发行 214 期，中间没有停过一次刊。

下面介绍一下公司内部报刊创刊号的主要内容供大家参考。现在看来，其内容也许很幼稚，但是它传达了当时公司想方设法克服绝境的热情。

公司内部报刊

胡椒食品服务创刊号（1997 年 5 月 15 日）

召开创业 28 周年和公司内部动员大会

5 月 7 日（周三）在东阳町的东 21 酒店，诚邀 OMG 的榊芳生老师，召开了此次大会，并阐述了召开此次动员大会的目的和意义。

28 年前总经理开了一家炸猪排店，这就是胡椒食品服务（股份公司）的发端。至今已经过去 28 年。过去的 28 年间，在公司 1 周年、5 周年、10 周年、20 周年、25 周年这些阶段性的时刻本应该纪念一下，但公司没有举办任何庆典之类的活动。承蒙各位关照，本公司现在已经成长为一家年营业额超过 9 亿日元的企业。公司的业态也涉足方方面面，包括牛排店、炸猪排店、“胡椒厨房”、FC 企业、炸猪排调味汁等商品的外销企业。虽然是总经理想出了这些业务，但是支撑这些业务并使之发展下去的是仰仗每一位员工的努力。在开店之初的 15 年间，公司只有一家开设在下町区的餐馆“牛排 KUNI”，这家店现在也成长壮大。于是公司决定，应该以开店 28 周年为界奋勇前行，促使公司进一步发展，有必要创造一个场合来统一总经理和全体员工的思想。我们还邀请了和本公司缘分不浅的各位同人列席大会。当着大家的面，总经理发表了讲话，所有店铺的店长也表了决心，还表彰了一直以来推动企业发展的各位骨干。答谢长年以来为之奋斗的诸位，这一点非常重要。

在这次动员大会上，我们也向各关联企业的诸位表明了公司的干劲。全体人员下定决心，要全方位鼓舞公司的士气，直面自己背负的良性压力，担负起责任来。我们还拜托榊老师做了纪念演讲。榊老师以“想要改变才能改变”为题，做了一场赋予我们活力的宝贵演讲。总经理要努力，请大家也要努力。为了实现我们各自的梦想，为了各位家人的幸福，我们都要毫不吝啬地发挥自己的力量。

此外，我们还向以下诸位颁发了奖状以示表彰和谢意，并附有一笔奖金，恭喜各位。(省略被表彰人)

自5月1日起，公司对经营理念和经营方针做出以下改动：

经营理念

员工的笑容

顾客的笑容

供应商的笑容

让顾客高兴

充满喜悦和笑容的我们是幸福的

经营方针

和员工一起实现梦想的经营

把店铺打扫干净，提供美味的料理

努力让顾客高兴

公司宗旨

感谢　创造　努力

如上所述，在改变经营理念和经营方针的同时，我们重新制定了公司宗旨。经营理念表达了总经理的创业之心和经营信念。让全体员工理解其内容并能随时说出口很重要。全体员工通过共享这一理念，可以让他们明确投入工作的态度。

经营方针，顾名思义，就是按照这些方针进行经营。在如今这个时代，我们工作并不只是为了温饱。

我们要对自己的未来怀抱巨大的梦想。这个梦想必须是通过实现它让自己幸福的梦想。工作可以得到朋友的依赖和感谢，可以给顾客带来喜悦，每天为此努力，你的巨大梦想就会成为现实。每个人都在工作中肩负着自己的职责。任何被赋予的工作都是重要的。公司要共享员工的梦想，为了实现它，就要产生利益，这一点很重要。经营公司最重要的目的就是追求利益。没有利益，就不能实现大家的梦想。所以公司的经营方针是，要通过各自的工作来提高利益、共享梦想，让顾客高兴、大家幸福。

接下来解释公司宗旨中的创造、感谢和努力。所谓公司宗旨，就是用简洁的语言表达出员工的心声，以便把经营公司的方针实行下去。

创造指的是不满足于现状，带着问题意识独创出有价值的商品、运营方法和思考方式。所谓感谢，指的是抱着感谢的心情待人接物，感谢同僚，感谢顾客，感谢同行。所谓努力，指的是在工作上发挥出超乎寻常的力量。请胡椒食品服务股份公司的员工们充分理解以上内容，自豪而自觉地为努力实现各自巨大的梦想努力。把这些内容背诵下来并能随时说出口，对于作为组织一员的自己来说是非常重要的。

社长致辞

对于各位员工的帮助和支持，我表示衷心的感谢。我想成为一名被各位员工说“谢谢”的经营者。

大家的工资是从顾客那里来的。谁想办法通过自己的努力获得顾客的支持，或者通过做很多事让顾客高兴，谁的工资就会涨。我这个总经理希望企业里能出现更多年收入 1000 万日元以上的员工。为此，我们企业必须在 5 年后达成年营业额 30 亿日元、经常利润[①] 3 亿日元的目标。那时，我们企业的阵容将会

① 经常利润：指企业通过日常的经营活动经常性反复性产生的利润。是营业利润加上营业外收益，减去营业外费用所得的值。

包括5家牛排KUNI（大型店，附带停车场）、3家炸猪排专卖店（大型店，附带停车场）、5家“胡椒厨房”直营店（一等地段示范店）、50家“胡椒厨房”加盟店，还有外销事业部（销售炸猪排调味汁等）。

现在要解决的课题

我的目标是提高每个员工的道德素质和作为餐饮业一员的自觉意识，谋求与其他店铺形成压倒性的差距，将明确顾客进店动机的理念和店规扎根于每个人的意识中，培养出更多行动有效、能够独当一面的员工。我想把企业发展成一家我自己能够认可且运营火爆的店铺，成为一家优秀企业。

我将致力于改善“胡椒厨房”直营店的体制，推进亏本店铺的经营委托化，在一等地段开设生意火爆的 FC 示范店。

举行大会典礼是在本公司大约有 10 家直营店时的事情，我们那时第一次发行了公司内部报刊，我当时的想法是“要从现在起一直把公司内部报刊办下去”。

现在有负责编辑的人，但当时并没有聘请编辑的条件。所以从创刊号到第 69 期，不仅卷首的稿件，连 B4 大小正反面的稿件都是我写的，编辑也由我负责。

之所以仍然能继续办下去，是因为我想着“在我写不下去的时候，天神会把这个公司收走的”，并以此顽固地坚定着自己的决心。很多次，我坐在电脑前却不知道写什么，该如何表达，并为此深感苦恼，迟迟动不了笔。每当这时，我就会回想起28周年纪念典礼，暗示自己“绝对不要搞垮公司啊”，就这样挺了过来。

现在读公司内部报刊的创刊号，我时常感觉我们公司完全不同于其他公司。在公司快要倒闭的时候，我也没有说过“都快倒闭了，大家给我努力”之类的话。我都是向店主、员工以及供应商的各位相关人士描绘公司的前景。任何时候我都会说，“绝不能气馁”。

公司内部报刊的创刊号是写给我们公司骨干的，每当重新阅读后，大家就会有直面危机、团结一致的激情，如果您能从中有所领悟，我将荣幸之至。

第 4 章

向美食广场和海外进军

商业就是让人“想再去一次”的反复

1994年7月开业的“胡椒厨房”1号店是一家加盟店，但从它开业那天起，每天都有500名顾客来店消费，我高兴地都快跳起来了。随后9月我开设了直营1号店，并在1年内以地理和情形比较熟悉的浅草为中心开了10家分店。

“加盟店都经营得这么好，直营店也一定会经营好”，这是我急着开分店的理由。事实证明我太武断了。这些店全都变成了赤字门店，这让我痛切地体会到了什么叫“商业并不简单”。加盟店之所以能经营得好，是因为加盟店的人都在拼命地工作。

公司当时没有人才，也没有组织，只有商业模式。然而因为金融机构肯借钱给我们，我们还能租到机械设备，所以只是具备了开分店的条件。

但公司立马到了倒闭的边缘。公司没有选好址就随便开了分店，也没有认真对待招聘的面试。光急着开分店了，所以也没有好好培训员工。各店的料理品质参差不齐，严重背离了标准。所以没有成为顾客想再来一次、再吃一次的店铺。

严重赤字的时候我意识到，所谓商业就是让人“想再去一次”的反复。

“顾客的满意是什么？”

这须回归到自身来谈起。作为经营者，重要的是我每天都要确认顾客是否还想再来一次自己的店。顾客就是审查员，进店后会对所有东西进行严格审查。

所以我认识到，绝对不能卖让我感受不到魅力的东西。这与后来开设“冷不防！牛排”有很大的关系。

现在我采取了与“胡椒厨房”飞速发展时同样的行动：店铺作为一种商业模式一旦获得成功就想热情高涨地不断开分店。我想这是刻在我骨子里的一种习性。

然而我不会重蹈覆辙，我当下在培养人才，努力经营让顾客满意，给顾客提供美味且物有所值的牛排。不管是在商品还是在操作上，“冷不防！牛排”都比“胡椒厨房”简单得多。是曾经的失败经验造就了“冷不防！牛排”。

以在市中心开分店为始，向新地段发起挑战

突然改变濒临倒闭状态的契机是 1997 年 5 月 7 日召开的创立 28 周年纪念和动员大会。这次大会奇迹地转变了公司的氛

围，公司充满了挑战在新地段开分店的气息。

首先是在市中心的一等地段开分店。在彻夜灯火通明的街道——新宿的歌舞伎町开分店，探索“胡椒厨房”的可能性是一大进步。这家店向众人表明了“胡椒厨房”积极向前的姿态，的确起到了陈列商品的作用，还吸引了很多加盟商。

JR 涩谷站桥下的涩谷站前店，扩大了选址的可能性

2000 年 5 月，我们公司与 JR 东日本食品服务公司（JEFB）签订 FC 合同是一个重要的转折点。这是本公司的第一个合同。为了展示这一业态的魅力，我们每年都会在 FC 展上开店展销，这种实实在在的积累给我们带来了巨大的商机。

JEFB 好像事先调查过“胡椒厨房”生意兴隆时的情况，当看到我们在 FC 展上展销的店吸引了很多参观者的目光时，他们加强了加盟的想法。

2009 年 9 月，JEFB 在 JR 涩谷站高架桥下开了涉谷站前店。店铺规模为 25 坪，有 21 个座位，开业后，日营业额就马上以 40 万多日元（在当时）的进度发展。因为这里总是人来人往，所以从午餐时间到晚餐时间，顾客总是络绎不绝。而且这里直到深夜都会有很多年轻人，所以一直营业到凌晨 4 点，就算到深夜也有很多顾客光临。

很多报纸、杂志和电视报道了当时涉谷站前店的盛况，甚至有人说被关注的程度“超过了麦当劳”。得益于这些媒体报道，原有店铺的营业额和知名度一下子都得到了提高。我认为这种势头为开设后来的 500 家店铺提供了可能。

在新地段发掘到大量需求之后，“胡椒厨房”开始将目光转向之前就注意到的菜单变更以及新地段的开拓上。

现在到了关注郊外大型商城的时期。餐饮业也开始研讨新的业态开发，我们公司也意识到要在商城的美食广场开分店。这是我大幅度改变开设“胡椒厨房”店铺想法和加强企业素质的契机。

改变美食广场印象的“胡椒厨房”

从20世纪90年代后半段到2000年，郊外不断建起大型商城。而在这些设施里需要有餐饮设施，作为一个提供便餐的场所，美食广场引起了我的关注。“胡椒厨房”在2000年时就已经开了50多家分店，为了谋求进一步飞跃，我设想过在美食广场开分店。

开始着手这件事是在2003年。那一年“胡椒厨房”又新开了25家分店，其中15家都开在了美食广场。3月在琦玉县川越市的购物中心UNICUS南古谷开设的分店是在美食广场开设的1号店。其他14家分店则开在了永旺梦乐城（AEON MALL）、钻石城（Diamond City，2007年与永旺梦乐城合并）等商城的美食广场里。

向美食广场进军的想法是在开设1号店半年前左右开始有的。在这之前进军美食广场的店铺主要由“肯德基”、“美仕唐纳滋”（Mister Donut）、“麦当劳”等有人气的国际品牌组成。商城这样做好像是考虑到聚集这些店可以得到很多顾客的青睐。

然而所有的美食广场都是相同的构成，我认为要想追求差异化，就需要引进新的品牌，于是计划着开一家自己风格的分店。

我抱着试试看的心态，在东京有明国际会展中心（Big Sight）的展销会上展示了美食广场示范店。没想到赢得了很高的人气。最初只是在日常吃惯了的拉面展位旁聚集了一些人，大家知道会场里有“胡椒厨房”的展位后一下子就排起了长队。

我认为其中的理由在于，“胡椒厨房”的料理本身就带有“表演性”的特质。当顾客拿到“胡椒厨房”刚出炉的料理并端着它走向美食广场内的餐桌时，铁板上响起的滋滋声和飘动的香味像是美食广场不曾有过的一种“娱乐”被大家接受了。

无论是端着“胡椒厨房”料理的人，还是在一旁观望的人都在享受这一刻。比起吃惯了的料理，顾客可能更倾向于追求从未有过的有趣体验吧。看到这种情景，我想“向美食广场进军绝对可行”。

一有机会我就去展示美食广场示范店并进行验证，到日营业额 40 万日元的时候，我信心满满。以前的美食广场是填饱肚子的所在，但我想通过这么一个具有“娱乐性”的料理，让人们主动到那里就餐成为目的。

今天的美食广场充斥着各种品牌和各式料理，它是购物中心里的美食主题公园。商城的规模越大，愉悦人心的创意就会越丰富。而“胡椒厨房”进军美食广场，可以说既及时又完美。

因进军美食广场得以大刀阔斧的改革

由于“胡椒厨房”要进军美食广场，于是我大刀阔斧地对它改革了一番。就是把“胡椒厨房”独有的铁板减轻重量。在美食广场，顾客一般用托盘端自己的料理。而“胡椒厨房”的话，托盘上不仅要放铁板，还有饮料……我觉得这样不行，老实说就是太重了。

一开始，“胡椒厨房”的铁板是一个 3kg 的铸件，太重了，于是我一边筹备在美食广场开分店，一边与厂家商榷：“有没有什么办法让铁板再轻一些。”

因为进军美食广场减轻了铁板的重量

一提到“减轻重量”，我立马想到了“铝”。但是如果全用铝的话，电磁炉就没有反应了。于是经过不断摸索我想到了一个方法：在铁制器具上浇注铝，再用 500kg 的冲压机压铸而成。原来的铁板有 3kg，而这种铁板只有 1.7kg，重量减少了 1kg 以上。

然而，当这种特殊的铁板应用到“胡椒厨房”各店铺后，却出现了在加热过程中损坏的情况。平均 100 个铁板会坏 10 个。因为在洗铁板的过程中，水会流进铁和铝之间的缝隙里，在加热时留在里面的水就会变成强大的力量导致铁板破裂，使其“嗙”的一声瞬间松动损坏。而且散落的铁板还会弄碎电磁炉的陶瓷部分。水的力量可谓势不可当，它变成水蒸气后甚至能带动火车头。

因此我灵光一闪，促成了现在正在使用的改良型铁板。原理很简单，“既然是进水导致铁板破裂，那么把进水的孔再开大一些让水流出来不就好了嘛”。这个想法极其简单却让我拿到了专利。只要想到点子就马上去申请专利，这一点和我培养业态的心相通。

原来街面上的店主要面向年轻男性顾客，而美食广场的新店以女性、儿童和老人为主要顾客群。除了“好好地吃顿饭”之外，顾客还有“垫一下肚子”的需求，“胡椒厨房”为此推出了饮料套餐和小份料理。这也是借鉴了根据选址变更相应的店内布局和商品内容这一变通的想法。同时我在削减商品方面也进行了大胆的挑战。

在海外开分店时重新认识使命的重要性

“胡椒厨房”现在（2015 年 1 月末）已经拥有 368 家店铺，其中 191 家在海外，有一半之多。开分店的国家和地区包括新加坡、印度尼西亚、中国、菲律宾、中国香港、泰国、澳大利亚、马来西亚、越南、中国台湾、中国澳门、柬埔寨在内共计 12 个。甚至到过位于海外国家和地区的“胡椒厨房”人来到日本后，都感叹“原来日本也有‘胡椒厨房’啊”。

“胡椒厨房”在日本的分店数量也在稳步增加，但是因为各种意外（下一章将介绍到）而停滞不前。海外却没有遭受这些意外，很顺利，甚至超过了日本的店铺数。也可以说，如果没有妨碍开分店的原因，“胡椒厨房”将拥有无限大的扩展店铺的能力。

“胡椒厨房”第一次在海外开分店是 2003 年 11 月。海外 1 号店位于韩国首尔的商业街——明洞。韩国的一家餐饮企业听闻“胡椒厨房”的生意兴隆，主动与我们接洽，加盟了我们的店。

然而这家分店在最初营业的时候却经历了一番苦战。

首先是因为价格战略。当时首尔的美国牛排连锁店很受欢迎，我们认为"'胡椒厨房'更好吃"，就定了个稍高的价格。

其次，韩国一般都是结伴去吃饭，而"胡椒厨房"只有和日本一样的柜台式座位，这也是不受欢迎的原因。如果只有柜台式座位，看起来像是快餐店，会给人一种价格高得离谱的印象。最终我们只能把主打商品的价格下调两到三成才留住了顾客。

我已经说了很多次我从事餐饮业的信条，就是"让更多人吃到美味牛排"。而当我委托给在海外的合伙人这个使命时，却常常大有变化。商业中产生收益很重要，但其根本还是使命。与包括日本在内的各种合伙人共享并深化这一使命是开展商业活动的第一步。

第一次在海外开分店让我认识到，深刻理解包括价格设定、菜单构成、座位设计在内的当地饮食文化非常重要。我将其活用在之后的海外分店上，结果在各分店所在国家和地区都取得了很好的成绩。

在海外开分店的过程中产生新的上菜方法

继韩国之后在海外开分店的地方是中国台湾。中国台湾 1 号店开业于 2005 年 3 月，位于台北市内的一栋餐饮楼内。店主曾在日本的工厂里担任中国台湾地区的负责人，打算在退休之后创业，就加盟了“胡椒厨房”。

他找我商谈之后，还有一家大企业找我商量“想在中国台湾开‘胡椒厨房’分店”的事，但是比起那家大公司，我更倾向于选择这位热情的店主。因为我觉得包括店主找我谈开分店的时机和他的背景在内，都和“胡椒厨房”1号加盟店的矢岛先生有共通之处。

在我与矢岛先生一起推进加盟店事宜的过程中，很多事情得以具体化。从店铺的操作流程到经营指南全都是在我和矢岛先生的合伙关系下成形的，所以我想象着，和中国台湾的这位店主的合伙关系，也许能成为我在海外开分店的示范典型。

中国台湾的这位店主准备的地方是一个可以容纳96个座位的大型场地，而且还位于大楼的4层。坦率来讲，我看到这个场地时觉得“行不通”。因为我判断“胡椒厨房”不适合这么大的规模。“胡椒厨房”为了让顾客吃到物美价廉的牛排，采用的是效率优先的运营方式。

但是当我看到同一栋大楼里一家咖喱店生意兴隆的情形后，我改变了初衷。我的直觉告诉我：“胡椒厨房应该也能成功。”

这一直觉的基础来自“胡椒厨房”在日本不断开分店的美食广场。美食广场是需要顾客自行去取食物，然后端到座位上进餐的，我想如果应用这种想法，这么大的规模也应该没问题。

于是我设想了这样一种方式：给点了餐的顾客一个号码牌，让他在座位上等，由服务员送做好的料理。同时拓展构思，建议在菜单上增加沙拉、甜点等配菜，让顾客悠闲进餐。在操作流程上依旧是与日本一样追求效率优先，但是运营方式不再是快餐店式的，而是餐厅式的。

这个设想大获成功。开业后生意兴隆，当地其他人也都迫切期望开设新的“胡椒厨房”分店。

海外分店助力事业发展

在海外开分店的第 3 个地方是新加坡。这里开分店的契机是中国台湾分店的成功。新加坡的店主是三得利的子公司 SFBI，在海外经营和食店和居酒屋。该合作方一直在研究“胡椒厨房”，看到“胡椒厨房”在中国台湾的动向后，就提出申请要在新加坡开分店。

2005 年 7 月和 8 月新加坡连续开了两家“胡椒厨房”分店。1 号店有 110 个座位，2 号店有 67 个座位，都采用先付钱后由服务员端到餐桌上的方式。

因为 SFBI 与店铺设计界公认的优秀设计公司有因缘，所以店铺的品级很高。我从中学习到，即使都是追求操作上的效率，同一个流程改变一下表达形式，也可以成为华丽的餐厅，令人耳目一新。

这两家店铺在开业后都十分顺利。虽然定价比日本低，但是仅凭店内的装潢就已经足够吸引顾客了。之后新加坡又开发了和日本“胡椒厨房”原型一样的柜台式经营方式，并开设了很多家店铺，现在已经有 38 家分店了。

在海外开分店是以区域授权的形式进行的。现在，东南亚圈由之前的 SFBI 负责，新加坡和中国香港是直营，其他国家和地区则由当地法人负责。

我曾经召集过日本店主中的有志之士去访问海外开设的分店。2014 年 10 月，我们一行 27 人 4 天 3 晚访问了中国香港和

新加坡开分店时的情形。和经营骨干们一起视察当地

中国澳门的分店。其中也有澳大利亚的店主。

“胡椒厨房”在中国香港有 19 家分店，在中国澳门有 1 家分店。其中中国香港的 1 家分店开设在名叫“又一城”（Festival Walk）的美食广场里，月客流量有 4 万人，月营业额超过 3000 万日元，生意极其兴隆。海外视察中还会去观光旅游，在视察火爆店铺获得刺激的同时，也成为与店主们培养和睦关系的机会。

多样化的选址培养了企业文化

开设“胡椒厨房”分店的国家和地区越来越多。2014 年 9 月“胡椒厨房”加拿大店与加拿大不列颠哥伦比亚州（British Columbia）签署了区域授权合同。这个州位于加拿大的西海岸，拥有 210 万人口，中心是温哥华，属于加拿大第三大都市圈。温哥华是一座被大自然包围的森林之城，旅游业也发展得很好。

我打算两年内在这里开 6 家分店，期待开设的分店进一步拓展我们公司商业的可能性。

“胡椒厨房”就这样在海外不断地开分店，为什么我们这样一个小规模的公司能够迅速融入海外市场呢？我想是“胡椒厨房”的简单模式相当优秀的原因。

“胡椒厨房”有“必不可少的要素”，那就是电磁炉、特殊的铁板、牛排调味汁和独创的黄油，还有 LOGO。这其中缺少任何一个都不是“胡椒厨房”。但如果拥有这些要素，在任何国家和地区都能开设“胡椒厨房”。

海外的“胡椒厨房”有当地独创的菜单。例如在新加坡有“三文鱼胡椒饭”，它取代了“胡椒牛肉饭”中的牛肉，改用三文鱼，但是依然具备上述所有必备要素，制作出“胡椒厨房”的料理。

像这样,“胡椒厨房”在海外接受了“必不可少的要素”以外的所有一切。海外的饮食文化和视角本来就与日本不同，如果固执于日本的视角,“胡椒厨房”是不可能被当地人接受的。为了让当地人接受，就要让当地人参与进来，让他们一起思考店的建设。这是店铺在当地扎根落户的必备条件。

但是如果不存在其中一个支柱，店铺就有变质的危险。

“胡椒厨房”必不可少的支柱是“对‘胡椒厨房’的认同感（Identity)”。我想正因如此，在各个国家和地区开设的分店才能融入到当地。

从东京的下町区到市中心，再到进军美食广场，在海外开分店,“胡椒厨房”一直在获得新的经验，开拓着新的可能性。我坚信是这些经验形成了本公司勇于挑战的态度。

于是我想有新的“突破”，这让我产生了开设“冷不防！牛排”的构想。

第 5 章

危机的到来，危机的摆脱

2001 年，可谓是“飞跃之年”

创业以来到现在，我们公司经历了好几次危机。

第一次发生在 1990 年。我已经拥有了 4 家店铺，但是还在毫无计划地开分店，结果招致恶果，公司深受筹措不到资金之苦，陷入了危机状态，如果加上员工辞职的话会更难办，所以对他们百依百顺，最终到了员工们要宣告“集体辞职”的程度。

我下定决心要让公司好转起来，绞尽脑汁地渡过了这场危机。

第二次发生在 1997 年。1994 年 7 月，“胡椒厨房”加盟店 1 号店开业，生意非常好，于是我以为“加盟店都开得这么好，要是开成直营店肯定会更好”，就在 1 年内开了 10 家分店，结果以赤字而终。这次是通过引进委托合同等新形式，以及 5 月召开的创业 28 周年纪念大会和动员大会，公司才得以扭转局面，氛围为之一变的。

这次大会源自母亲教给我的“没有人会给干枯的树木浇水”这句话，即使公司陷入困境，我也要下定决心挺起胸膛以毅然决然的态度面对它。我向到场的各位呼吁，公司会好起来，于是产生了奇迹。

通过这两次经历，我充分意识到了“人才”对于稳定经营的重要性，也为公司酝酿出了向新事物发起挑战的机遇。

进入 2000 年以后，“胡椒厨房”涉谷站前店开业，因为盛况空前，我将 2001 年定位为“飞跃之年”，并明确表示将在年初新开 40 家分店。

为了实现这个目标，我积极开展了宣传活动。包括在专业杂志上刊登加盟店招募广告，多次在日经 MJ 上登出整版广告等。这些广告奏了效，也的确提升了面向新加盟店的商业说明会的动员能力。

而且，由于来自供应商的期待高涨，我将 2001 年后半年定为“决胜的时期”，调整了经营指南和各项规定，还积极投资于与教育相关的领域，比如开设名为“牛排大学”的研修中心等。

我认为股票上市的时机已到，于是在 2000 年举行的创业 30 周年纪念典礼上，第一次宣布要把公司“做成上市企业”。我描绘了蓝图：当公司新开 40 家分店，业绩斐然时，我们要趁势决意上市。会场上听到我这个宣言的各位老师、供应商、干部及员工都目瞪口呆。有人严厉批评道：“上市才不是那么简单的事情呢。”

那之后，相关审计部门对公司进行了短期审查（Short Review），包括股票上市所需的现有经营状况等。结果公司完全不具备上市的资格。我的想法和实际状态差距甚远，我对此感到震惊，但是这也让我重新下定决心，“让公司继续前进”。

然而从这一年开始，公司还要再次面临重大危机。另一方面，公司要上市。在上市之前遇到的各种挑战就像是一部电视剧。我在这里暂且不提了。而且还发生过有人质疑企业活动存在的意义之类的事情。此后10年间，我们公司一直动荡不安。

BSE引起骚动，“请帮帮我，这样下去真的会垮掉”

2001年9月10日，千叶县白井市发现了日本第一例BSE[①]感染牛。以前在英国发生过，电视上重复播放过很多次荷兰种乳牛（Holstein）牛犊摇晃着身体倒下的影像资料。

虽然是非常骇人听闻的事情，说实话当初我只是心平气和地观看了。虽说事态严重，但是“胡椒厨房”使用的牛肉是从美国进口的，我认为不会有多大的影响，就没有放在心上。实际上9月的营业额并没有下降多少。

---

① BES：Bovine Spongiform Encephalopathy，疯牛病，即牛脑海绵状病。

然而进入 10 月以后，营业额急剧下降。营业额每天都在下降，从各分店发到本部的每日报告也惨不忍睹。很明显，店主和店长都吓得发抖。

我并没有袖手旁观，而是在报道之后立即让各店铺做好彻底的清洁工作，呼吁大家："保持窗明几净，做到让顾客称赞'不愧是胡椒厨房'！"

然而，电视和报纸上连日来的报道导致的风评被害[①]令人难以想象，无论我们把店里打扫得多么干净，营业额还是一个劲地下滑。生意好的店也已形势严峻，更不要说平常管理水平不高的店铺了，可谓惨不忍睹。

"这样下去会很惨的。"

我这样想着，于是做出了一个决断。

10 月 14 日的星期天，办公室没有人，我从早上开始就面对着电脑。

"请帮帮我。这样下去真的会垮掉。"

我打出这行字后，陷入了沉思。这是我发自内心的"呐喊"。

"把这样一张告示贴在店门前真的好吗？"

"胡椒厨房"已经有 50 多家分店，还准备上市。就这样贴

① 风评被害：没有根据的传言，不管是否存在，都已经被世人认可，由此导致的经营或名誉等损失。

出告示真的好吗？员工们会怎么想？……我一直在思考。

“但是，这样的状态下也不能什么都不做吧。”

这张告示既是为了店主和员工，也是为了我自己，但是我脑海中也浮现出了日本餐饮业同行们的表情。既然我们的牛排店遇到了麻烦，那么其他销售烤肉之类的牛肉店肯定也在苦恼。

“好，就由我来干吧。”

于是我当机立断，决定把这句话打印出来张贴在店门前。

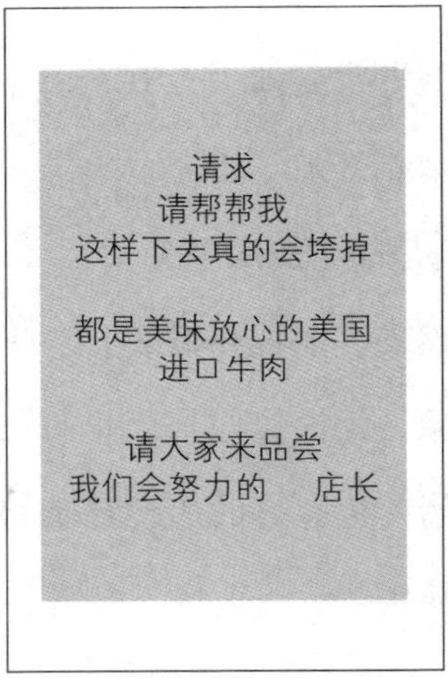

一濑坦率地表达了自己的心情，并把它张贴在店门前

BES的出现及其引起的风评被害促使我在告示上大书特书了一番。我这样做是因为我对国家的初期应对抱有疑问，我想让当权者知晓实情，想倾诉餐饮店正陷于困境。

于是我拜访了加盟店的店主，向他们一一说明了我的真实想法。理所当然的，大家都不知如何是好。大多数人的意见是“也不必做到这种程度……”对此我反驳道：

“那么，这种困难的状况长期持续下去也无所谓吗？”

我第一天拜访了 8 家店铺，并于第二天在本部会议上向员工们说明了主要意思，请所有人去四处动员。我想有员工会说“为什么要做这种损坏公司形象的事情呢?”，但是我坚持了自己的想法。

张贴告示的第二天，《朝日新闻》的记者前来采访。听他说是偶然看到了贴在东银座店的告示，就在当天来采访的。之前的报道论调都是鼓动风评被害的，而这次的报道满怀好意地总结了餐饮店的窘境。

该报道刊登当天，电视台也马上来采访了。我想对自己的发言彻底负起责任，于是回应了这些采访。

紧接着的 10 月 18 日，日本的厚生劳动省和农林水产省①发布了“安全宣言”。我的“呐喊”算是传到了当权者的耳朵里。

只卖牛肉的理由

我在“安全宣言”发布以后立即开办了“安全宣言展销会”。展销会期间我们以减价 200 日元的折扣提供主打菜品的同时，为所有进店的顾客发放了 200 日元的优惠券。这时其他烤肉连锁店也开始陆续开办和“安全宣言”相关的展销会。我想

---

① 厚生劳动省相当于中国的劳动和社会保障部、卫生部；农林水产省相当于中国的农业部、水利部。

“大家动作真快”。于是现有店铺的业绩急速回升，11 月恢复到了 BSE 症状发作前的 85% 左右，12 月回到了和前年相当的程度。

事实上，受 BSE 风评被害的影响，“胡椒厨房”的营业额下降，所以菜单中不只有牛肉，我们还准备了鸡肉和猪肉。后来为什么又只有牛肉了呢？我讲述一下其中的内情。

2001 年年末将近，我和员工们正在开忘年会，广播电台打来电话问我：“可以来参加广播节目吗？”本来预定是农林水产大臣去上节目，但是那位大臣突然不能参加了，所以紧急之下让我代替。我是带头说“请帮帮我……”的人，有职责前去参加广播节目，并就 BSE 病症之后的一系列事情发表意见。

于是我对在忘年会上乐在其中的员工们说“接下来我要在广播节目上现场直播，大家要听广播啊”，然后就去了广播电台。

我在去广播电台的路上回忆了公司发生的一系列事情，并在现场直播中说：

“现在很多顾客对牛肉产生了断瘾反应。从出生到现在，我们是吃着大量的牛肉长大的。如果有一段时间吃不上牛肉，将来一定会想吃得不得了。到那时，如果卖牛肉的店都在卖牛肉以外的鸡肉和猪肉，顾客就会不明就里，不再蜂拥而至了。所以‘胡椒厨房’不再卖鸡肉和猪肉了。”

如前所述，“胡椒厨房”为了提高营业额，之前一直准备出售鸡肉和猪肉等新菜单，并做了包括 POP[①] 在内的所有准备。

正在开忘年会的员工们对我所说的话大吃一惊。这样一来，从新菜单到 POP，所有的东西都要束之高阁了。虽然我的发言有点荒唐，但现在回过头来想想，多亏了那次发言，因为它明确了“胡椒厨房”的方向。

针对经营不振的店铺采取对策，整顿连锁店的体制

通过举办“安全宣言展销会”，现有店铺的营业额总体上和前年持平了，但此时还有些店铺的营业额没有恢复过来。这些店的营业额原本就低。由此可见，营业额原本就高的店铺恢复起来也快。

要说差别在哪里，就是营业额原来就高的店铺准确理解了本部的指点，认真推行了提高营业额的运营方式。不管怎么说，经营不振的店铺面对突发状况时的损失很大，只要不改善这些店铺，连锁店的根基就会一直脆弱下去。

发生 BES 骚动以后，公司首先对经营不振的店铺采取了对

① POP：Point of Purchase，卖点广告、店头陈设等，是一种店头促销方式，以摆设在店头的商品展示物为主。

策，并从根本上重新研究了经营的现状。在股票上市方面，也提前做了工作。

具体如下：

①重新考虑和研究是否扩大店铺的数量。

②重视营业额和利润，优先考虑改进现有店铺来增加收益，而不是扩大店铺的数量。

③把提高利润率作为当务之急，查明经营不振的真正原因并筹划对策。

④筹划并构筑抵御风险的方法。

公司还要进一步对加盟店采取对策，提高选择加盟店的标准：要求提交连续3期的决算报告；除本公司以外还要引入调查公司；包括1名店长，2名兼职在内，最少有3人接受研修后才能运营店铺。不满足这些条件就不允许运营。

我原本以为加盟店的门槛这么高，就没有想加盟的人了。然而，加盟店的业绩反而不断好转，加盟店的数量也因此增加了。

2006年实现股票上市

“胡椒厨房”自2003年起致力于在美食广场开分店，之后店铺数量激增，2004年突破100家，2005年突破150家。2005

2005 年 6 月获“农林水产大臣奖”

年 5 月，作为上升率 NO. 1 的企业登上了《日经 MJ》[①]，6 月，在农林水产省举办的第 13 届优良食品服务事业人员表彰中，荣获“新型业态开发部门”颁发的农林水产大臣奖。这些信息使证券公司对本公司极具好感。

2006 年 9 月 21 日，公司在东京证券交易所 MOTHERS[②] 市场上市。公司上一年度的营业额是 50 亿 5000 万日元，经常利润

① 《日经 MJ》：*Nikkei Marketing Journal*，为日本经济新闻社发行的著名财经报纸，1971 年 5 月创刊，原名《日经流通新闻》，2001 年 4 月创刊 30 周年之际更名为《日经 MJ》。

② MOTHERS：Market of the high—growth and emerging stocks 的缩写，意为“高增长新兴股票市场”。

3 亿 9800 万日元，创造出了稳定的业绩。

我第一次公开表明要上市是在 2000 年的创业 30 周年典礼上，但实际上在那之前我也在考虑这件事。因为我想让成为公司核心业态的“胡椒厨房”广为人知。为此，获得信誉和信息很重要。如果能成为上市公司，既能改变周围人的看法，又能收集到相当多的信息。

发生 BSE 骚动以后，公司重新研究了经营战略，决定将重心从增加店铺数量转移到增加火爆店铺数量上来。为此，公司加强了对加盟店和分店的审查，只开设确实能提高利润的店铺。

2006 年 9 月 21 日在东京证券交易所 MOTHERS 市场上市

因为它和稳定的业绩相关。

多亏了这项踏实可靠的战略，增加了店铺的数量。看到确实能提高收益的火爆店铺后，加盟店也一下子多了起来。公司还收到了来自拥有强大 FC 形态的特大加盟商的加盟请求。同时，我们努力成为盈利公司的态度也得到了认可，获得了大型企业的投资。这和它们对 FC 本部的信赖息息相关。

在以股票上市为目标的过程中，BSE 骚动的经历为公司成为优质企业提供了可能。然而，危机总是在完全无法预期的状态下突然降临的。

不期而至的重大危机

2007 年 5 月，股票上市还不到 1 年，大阪发生了一个大丑闻。它发生在公司原员工在委托制度下运营的店里。公司召开了长达两个半小时的致歉见面会。我在一长排电视摄像机面前极尽诚意地做了回答。

那之后过了两年，2009 年 8 月末，“胡椒厨房”畅销食品“方块牛排”（650 日元）引发了 O-157 型大肠杆菌食物中毒事件。

本公司使用的牛肉全部是美国进口，但是在 2003 年 5 月加拿大发现 BSE 感染牛之后，我想美国也有发生 BSE 症状的风险，于是公司针对产地的风险防御做了商讨，从 2003 年 7 月开始从新产地澳大利亚进口牛肉。到同年年末，从美国进口的牛肉占了三成，而从澳大利亚进口的牛肉占了七成。

真是一语成谶，2003 年 12 月，美国出现了 BSE，不能再从那里进口牛肉了。公司的“廉价牛排”一直使用的是美国进口牛肉的护心肉（Outside Skirt），所以不得不停止销售。因此价格区间突然出现了缺口，为了弥补缺口，供应商建议我们开发使用从澳大利亚进口的牛肉制作“方块牛排”。

它的味道比起牛肉来，更像汉堡牛肉饼，非常好吃。因为“方块牛排”是低价销售，所以很畅销。然而，顾客有时会从商品中吃到碎骨头，存在质量问题，所以我们换了制造这种牛肉的工厂。

2009 年 9 月 11 日，厚生劳动省公布了在“胡椒厨房”感染 O-157 型大肠杆菌而导致食物中毒的患者人数，遍及 11 个都府县[①]，共计 23 人，包括疑似事例在内全国共计 33 人。通过抽样检查发现这些牛肉都是由同一家工厂生产的，保健所[②]的检查也证实了这些牛肉存在病原菌。

---

① 都府县：日本的一级行政划分，一般称为“都道府县”，日本共有 1 个都（东京都）、1 个道（北海道）、2 个府（京都府、大阪府）和 43 个县（如千叶县等）。此处说成“都府县”，说明在北海道没有发现感染者。

② 保健所：指日本都道府县或政令城市中，每 10 万人设置 1 处的第一线卫生行政机构。

这一连串的事件对公司来说是极为糟糕的。O-157 型大肠杆菌的新闻致使流言蜚语愈演愈烈，受此影响，现有店铺的营业额直线下滑。另外，因为必须保证加盟店的营业额，公司做出了加盟店享有五成毛利润的保证，总体上大概是 5 亿日元。店铺的营业额下降，再加上还要保证加盟店的利润，公司面临事关存亡的危机。

附注“持续经营实施条款”

因为 O-157 型大肠杆菌的报道，公司的营业额直线下滑，并且难以筹集到资金。这时有人向我提议："要出资 2 亿 5000 万日元。"

为什么是 2 亿 5000 万日元呢？或许有在股价下跌时用这笔钱买下大量股份的企图吧。另外，我想公司要是有这么多钱总算能喘口气。

但是，如果公司业绩照这样继续恶化下去并最终破产的话，出资人的这笔钱就会打水漂。

在汇款的当天，我们公司并没有收到汇款。这种情况叫"失权"，媒体也肯定会对此事进行报道。

结果，审计部门附注了“持续经营（Going Concern）实施条款”。这代表“对公司能否继续经营存在疑义”。一旦加了附注，银行和贷款公司都不会再借一分钱给公司。金钱是事业的血液，即使是正常运转的公司，因为要支付很多费用，如果银行不再贷款，公司内部的预留资金不充裕的话，公司也不会正常运营起来。

我们公司在没钱的时候反而从银行贷不到款，所以真的是到了危急关头。于是有的牛肉供应商要求“用现金交易”。

每个月我们公司要支付好几亿日元的欠款。“希望现金交易”是供应商出于害怕公司倒闭风险而做出的举措吧。我对当时的专务董事做出指示：“在能做到的范围内尽可能使用现金支付。”

然而，终于不能再用现金支付了。于是我找来另一位牛肉供应商协商。这位供应商与我面谈了一次，结果在离开我们公司 10 分钟后就打来了电话：

“一濑先生，供应给你牛肉吧，可以赊账。”

不用说对方下了很大的决心。他可能是这么想的：“这个公司成功复活的时候，会变成一个非常优秀的公司。所以我就下定决心赌一把。”此外，海外“胡椒厨房”的顺利运营也成为我的支柱。

就倒闭形式而言，首先有一种情况是筹措不到资金。还有一种情况是不能给加盟店供应牛肉。多亏了这位牛肉供应商的定夺，公司才能从后面这种情况中幸免于难，我从心底感谢他。

此外还有很多供应商说“可以赊账”。因为是和附注有“持续经营实施条款”的公司做交易，所以他们真的背负着很大的风险。尽管如此，他们还是和我们公司来往，我必须承认是因为他们和我们公司之间有着信赖关系。

风险是“那家公司倒闭了怎么办?”

附注“持续经营实施条款”的同时，“胡椒厨房”的营业额也一下子降了下来。因为无法从银行融资，所以公司岌岌可危。

有一位大供应商担心我们公司的状况，对我说：

“一濑先生，我借给你四五亿日元吧。”

我和当时在座的专务相互拉着手高兴地说：“太好了。”

但是，这位供应商当天晚上打来了一通电话：

“一濑先生，当我没说过那句话。董事会怎么也不批准。审计部门也对我说不应该投资你们公司。”

当时四五亿日元的融资是一笔能够取得公司经营权的资金。对方的董事提出“那家公司倒闭了怎么办”的意见也是理所当然的。因此公司又进入了死胡同。就个人而言，我认为他绝不是坏人。之后他以个人名义给我融资了 1000 万日元。

那之后，当时的专务也对我说了好多次“已经不行了”之类的话。每当这时，我就会不服输地想：“怎么能就此倒闭呢!”

为了不让公司倒闭，首先应该考虑资金的筹备问题。我认真考虑了可能筹备到资金的方法，还要具备非常的勇气。

有时候我会翻着熟人的名簿想：“找谁投资呢？”然后去四处请求他们：“无论如何请投资500万日元。”我央求了很多人，终于筹到了1亿日元。暂时倒闭不了了，我的心情也稍微好了一些。这时，有人提出要撤回1000万日元的投资，他对我说：“就当我没说过这次投资的事。”理由是：

“一濑先生，我有女儿，有家人。我想把这次打算投资的钱用在家人身上。”

也就是说，给我们公司投资的人都有着“施舍给一濑500万日元”的心情。

我讲述了与钱有关的来龙去脉。我通过这种形式得到了很多人的支援，第一次筹集到了资金，渡过了本公司的最大危机。

300g牛排1000日元的商品化

供应商告诉我，有个家庭餐厅从2009年12月10日开始限时销售“溢汁牛排”。就是200g牛排配上卷心菜沙拉、米饭和每日一换的汤，价格为999日元（含税1048日元）。这种套餐非常畅销，库存的150万份全部卖完了，到2010年1月13日就停止销售了。

我受此启发，也想使用和该家庭餐厅同样的肉，“以 300g 牛排 1000 日元的价格卖卖看”。我找遍了整条街，也没有发现一家店在以这样的价格卖这种分量的牛排。为了以 1000 日元的价格销售 300g 的牛排，就不能拜托供应商切割牛排了。拜托供应商需要加工费，这样一份牛排就必须卖 1300 日元。另一方面，在店里切割牛肉，虽然成本率相当高，但是既能降低价格，卖得多的话也能赚到相当多的毛利润。

我一开始是在“胡椒厨房”直营店尝试切割销售的，结果很畅销。喜欢吃肉的顾客每周都要来店好几次。于是，我陆续在直营店这样销售牛排，营业额一下子就上去了。加盟店看到这种情况后，对我说：“我们也想这样卖。”

但是，有些加盟店也提了意见说：“在店里切割肉块会提高人工费，很是苦恼。”连锁餐厅的做法是切好肉的分量后再配送到各个店里的，但这种情况下重要的是价格要控制在 300g 牛排 1000 日元。

我最终选择的做法是教给 SV 怎样切肉，再由 SV 教给各个店。所有店铺都采取这种做法后，“胡椒厨房”的营业额再一次急速上涨。

这就算是把“自主牛排”（Wild Steak）（1000 日元）和“廉价牛排（110g）”（Service Steak）（580 日元）两种热门商品定了

下来。这两种商品的销量占了总销量的40%。顾客的人均消费也上升了。

虽然成本率有所上升，但因为能赚到毛利润，结果证明我的选择是正确的。凭借“自主牛排”,“胡椒厨房”的营业额回升到了发生O–157型大肠杆菌事件之前的95%。自从成功改变牛肉销售方式以来，营业额每个月都在上涨。

我认为这种构想是“冷不防！牛排”的前哨战。

“冷不防！牛排”的诞生并不全是偶然。在顾客面前定制切割牛排始于1991年的“牛排KUNI”新小岩店。之后尝试各种形式的“让顾客满意的供应方法”全部都与“冷不防！牛排”相关。

坦白说，我们公司从2006年股票上市以来完全没有盈利过。然而在现有店铺所做的这些尝试却有了效果，2011年12月，公司第一次盈利了。审计部门看到这个结果后的第二年，决定取消“对持续经营的附注”。

2012年2月，审计部门取消了对持续经营的附注，公司开了联欢会以示庆祝。我在员工面前致辞时，之前的许多事情涌上心头。会场中所有人都注视着我，寂静无声，此时我已心花怒放，浮想联翩，感慨万千，泪眼婆娑。一时之间，我越是想止住眼泪越是抽噎得厉害。作为一个男人，一辈子能体验一次这种喜悦与感动就足够了。

艰难筹措资金的情况下，在 76 坪、房租 300 万日元的房源开分店

在上野车站前曾经有一个风景名胜般的商业设施，2008 年 4 月因为过于老旧被拆除了。然后在 2012 年 9 月，这座商业设施变成了名叫“UENO 3153”的商业设施。取这样一个名字，是因为它建在西乡隆盛铜像的正下方，并且乘电梯能从 1 楼直达西乡前面的广场[①]。

公司想要在这栋大楼的 2 楼开分店。大楼共有 3 层，2 楼拐角处是个非常好的地方。面积有 76 坪，相当宽敞，魅力十足。但是就公司当时的经营条件来说，通常是租不下来的。开店需要 1 亿日元资金，而且每个月还要支付 300 万日元房租。

此时还要下决心“做”的人不是一般人。毕竟公司在 2 月刚刚被撤销了持续经营的附注，这才是第二个月。

但是我下定决心要“做”。这真是人生中最重要的一场对决。人一生中总有不得不决出胜负的时候。我不知道到底是什么时候，但觉得“就是现在”。

那么，我为什么决定开分店？

---

① “UENO 3153”的日语发音 UENO SANICHIGOSAN 与“上野西乡先生”的日语 UENO SAIGOUSAN 发音相似，由此得名。

首先是因为“员工高昂的士气”。

第二是想让顾客经过店前时惊叹:“‘胡椒厨房’竟然在这样的地方开新店!”

第三是想让金融机构和供应商惊叹,让他们看看我们公司积极进取的态度。

大楼被拆除前,2 楼经营着一家名叫“聚乐台”的大型餐厅。如第 2 章所述,我 19 岁的时候在那里工作过近 1 年。这件事打动了房东的心。

他说过“好,就让一濑干吧”之类的话。

一般情况下房东会在开店之际调查一下公司的经营状况,但是他对公司的财务状况不感兴趣。我们是上市公司和我在聚乐台工作过这两点是我能开店的主要原因。

我将这栋大楼的分店命名为“胡椒厨房简易餐厅”(Pepper Lunch Diner)。它和“胡椒厨房”的商品内容几乎相同,但是“简易餐厅”这个名字包含着我们必须成功的愿望,有宣扬这种新业态的意思。

这里的房租非常高,所以我认为顾客的人均消费不能和“胡椒厨房”相同。当时“葡萄酒馆”很风靡,所以我决定在升级牛排菜单的同时积极销售葡萄酒。

我们为进店小憩的顾客准备了烤薄饼,为前来用正餐的顾客提供烤牛肉以丰富品种,还在菜单中加入了转炉烤鸡、烤猪

在 UENO 3153 开分店，宣扬了“胡椒厨房”朝气十足

排骨。

另外，菜单中加入了在“牛排 KUNI”需要排队才能买到的汉堡牛肉饼。在“胡椒厨房简易餐厅”，我将这种汉堡牛肉饼直截了当地取名为“肉块”。这样一来，名字就变得非常有存在感了。

但是如此增加菜单品种，餐厅的效率就跟不上了。于是，为了打造出“胡椒厨房简易餐厅”自己的风格，我开始着手削减菜单。

有一天，ARIO 商场请求我在西新井店的美食广场开分店。但令我感到惊讶的是，对方说：“希望您不要使用‘胡椒厨房’这个店名。”有一瞬间我感到很困惑，但我还是决定“舍名取实”，欣然同意了对方的请求。

店名是“KUNI'S”。餐厅在理念中主张带有美国元素，并且引进了“胡椒厨房简易餐厅”的菜品和副食菜单。还停用了售票机，这样就能引导顾客多点一些菜了。

菜单中加入了烤猪排骨、炸鸡、法式炸薯条等，以此来宣扬“不用去其他快餐店也能吃到美味的法式炸薯条”。而且还提供烤薄饼供顾客享用。餐厅增加了若干副食菜单，结果提高了顾客的人均消费。

不管怎么说，在艰难筹措资金的情况下，公司通过开设“胡椒厨房简易餐厅”和“KUNI'S”两家分店，开辟出了新的可能性。

从低价销售商品中学到的经商本质

公司曾开发过一次低价商品。那是2010年，当时牛肉盖浇饭连锁店正处于低价竞争最盛的时期。

那时候屡屡发生这种现象：当“胡椒厨房”隔壁的牛肉盖浇饭连锁店打折促销时，“胡椒厨房”的营业额就会减半。我一直在想：为什么牛肉盖浇饭连锁店降低价格时，“胡椒厨房”就不畅销了呢？于是我决定趁着这种时候大幅降低“胡椒厨房”的价格试试看。

这就是“290 作战”。顺便提一句，“胡椒厨房”街面店当时的顾客人均消费是 820 日元，美食广场是 710 日元。

所谓“290 作战”是指，将 580 日元的“廉价牛排”套餐减去 190 日元的米饭，变成 390 日元，在此之上再降价 100 日元。

因为能以 290 日元的价格单点廉价牛排，顾客们会蜂拥而至。但是廉价牛排是 110g，顾客无法靠这块牛排填饱肚子。这时我们再向顾客建议：“请问您要来点米饭（190 日元）吗？”几乎所有的顾客都会点米饭。于是就变成了 480 日元。

“290 日元”这个价格是为了迎合当时牛肉盖浇饭连锁店的降价。此外只是单纯想用和“肉”的日语发音相似的“290 日元”这个价格。①

这种构想参考了拉面连锁店的销售方法。有的拉面连锁店打出“拉面 390 日元”的显眼价格，但是顾客还会点一些饺子之类的东西，拼在一起就达到七八百日元了。虽然结果和平时的价格相当，但是顾客往往会被店门前打出的低价吸引而进店消费。

“290 作战”采取了与之相同的方法。在通货紧缩的情况下，这种销售方法已经正当化了。

最初店里非常繁忙，但是顾客的人均消费很低，利润不高。虽说如此，把价格恢复到原价也是一件很需要勇气的事情，不能老是做这种事。

---

① 肉的日语发音是 NIKU，2 与 9 的发音也是 NIKU。

我打算推出这款削减毛利润的商品时，公司里没有一个人反对。因为当时没有人能想出除此之外的方法来提高营业额。牛肉盖浇饭连锁店确实在通过低价竞争和我们抢生意，那我们“不试一下怎么知道呢”。

和牛肉盖浇饭连锁店进行减价宣传活动一样，我们也定期进行每月一周的“290 作战”。一开始很有效果，但是随着次数的增加，效果变差了。因为如实讲，它“本质上缺乏魅力”。从原本的商品中拿掉米饭，让它看起来很便宜，以此来取悦顾客，这是进行“290 作战”的初衷，但结果是顾客并不乐意。

我由此学到，不能低价销售原本就很便宜的东西。降价 10 日元、20 日元这样的竞争是无济于事的。

我把这种想法应用在了“冷不防！牛排”店里。

通过低价供应原本昂贵的东西，确实能增加顾客的进店次数，获得毛利润。可以通过让顾客站着吃或者降价来实现。低价销售原本就便宜的东西，利润都不知道到哪里去了。通过降价多让一些人进店，就能够获得比降价前更多的利润吗？无论怎么想都是做不到的。

通过这次经历，我切身感受到“顾客不会一味追求价格便宜的东西，而是追求虽然稍微贵一些但觉得物有所值的东西”。

第6章

一个能从容而笑的公司

持续开店得到的惊人数字

“冷不防！牛排”自从2013年12月5日在银座4丁目开业以来，到2014年12月末共开设了30家分店。我绝不是在炫耀开分店的速度之快，而是看到在没有任何人才和房源的情况下号召大家“今年一定要开30家分店”后，没有任何员工表示不满，反而像安装了引擎一样积极地投入工作，这让我深深地觉得胡椒食品服务股份公司的员工真是团结一心，相当可靠。

不用我感慨，创办“冷不防！牛排”之后发生剧烈变化的数字已经如实地说明了这一业态具备的非常之处。

特别是2014年夏天决定了“冷不防！牛排”的胜败。从7月30日到9月3日，我每周都在开分店，在这1个多月的时间内增设了6家分店。到12月末一共开了30家分店。

通算2014年度的全部业绩发现，公司的营业额是87亿9135万7000日元（去年同期比为154.6%），营业利润是5亿7860万6000日元（去年同期比为283.6%），经常利润是5亿7531万4000日元（去年同期比为274.3%），本期纯利润是5亿225万9000日元（去年同期比为331.3%）。这是因为“冷不防！牛排”开了分店，也因为以“胡椒厨房”为首的其他业态的原有店铺也提高了业绩。

所以我们公司并不亏损。员工越来越高兴，店主和供应商也都对我们公司称赞不已。

我们公司过去好几次都濒临着“倒闭”，却能迅速起死回生，在迄今为止的餐饮业历史上是绝无仅有的。这全都得益于员工的团结一心，大家都想“突破”。

优秀人才追求“开新店的机遇”

我在呼吁要“开设‘冷不防！牛排’30 家分店”的时候，并不具备支撑它的条件。没有“人、物、钱”什么都做不了。那么，接下来我来说明一下这些情况。

首先是“钱”。虽然钱不多，但是在取消“持续经营实施条款”后已经变得相对充裕了。所幸还有融资人，并获益了，所以也有了现金流（Cash Flow）。

其次是“物”。这里指的是房源。由于“冷不防！牛排”喊出了“在 2014 年 12 月之前开 30 家分店”的口号，所以收集了很多房源信息。

最后是“人”。这是最能体现“冷不防！牛排”厉害之处的地方。

如今是一个人手不足的时代，但是我环顾四周后发现，既有人手充足的公司，也有人手不足的公司。这首先可以从“稳定率”的视角来把握。

有些公司的稳定率比较低，这种情况下，员工一辞职就立即招聘新人，循环往复。所以总是走不到开新店的那一步。相反，稳定率高的公司却可以。本公司因为稳定率比较高，所以拥有不断开新店的环境。我们有很多专业人员，而且都很努力。他们都在本公司的工作环境中赌上了自己的人生。

因此，我们接二连三地开设了“冷不防！牛排”分店，并通过媒体等手段广而告之我们想开分店的意愿。对于认为开新店是机遇的人来说，“冷不防！牛排”想开分店的意愿就是他们的机遇。

任何人都在期盼新的机遇。那些一直在等待新的机遇却因自己工作的公司不开分店而想辞职的员工就是优秀的人才。另外，还有很多人一直有“能完成新事物”“能探索自己的可能性”的想法。

我认为，在有这些想法的人不断增加的过程中，再加上“冷不防！牛排”这一前所未有的新业态不断地开分店，一定会成为受优秀人才青睐的公司。结果，35~49 岁的优秀人才接连进入了本公司。

我们公司在开设“冷不防！牛排”之前有 117 名员工（2013 年 11 月），过了 1 年到 2014 年 12 月末增加到了 159 人。2015 年预计开设 53 家店铺，所以我想进一步增加优秀人才中途进入公司的机会。

我想从这个聚集了众多优秀员工的公司中挑选出人才派到加盟店去。加盟店虽然拥有资金，但是技术和人才不足，本公司的任务就是帮助加盟店弥补这些不足。如此一来，“冷不防！牛排”的开分店速度应该会更快。

聘用有经验的年长厨师

我们还积极聘用了年长的厨师，广告语是“来吧，该您值勤了”，请现在正当红的厨师来我们公司发挥其技术才能。

我们最初通过公司主页招聘年长的厨师，却没有什么效果。我们注意到，这是因为年长者不怎么会用网络。

所以，我们在“冷不防！牛排”的店门口宣传道：“请把您身边的厨师叔叔、阿姨介绍给我们。”并使用“来吧，该您值勤了”的文语表达。广播电视台注意到了这个广告语并进行了报道，之后来应聘的年长厨师多了起来。

由于媒体报道的良性循环，公司的形象大有提高。本公司从来没有想过低薪录用年长者，我们尊重每个人的经验和个性，

公司确定聘用有经验的年长者

并给予 1200 日元的时薪。我们设想的是每天工作时间为 5 小时，但是大家都是从早上 10 点左右上班，工作到傍晚时分。

虽说是年长者，也不过是 65 ~ 70 岁，都比我年轻。我也遇到过少数自尊心强的人，就没有录用。

因为“冷不防！牛排”是一种前所未有的业态，我们不仅需要在厨房烤肉的专家，更需要能维持协调环境的人。

总之，今后需要更加战略性地思考聘请和使用人才的问题。因为包括之前所说的选派人才到加盟店的事在内，拥有的人才可能会带来意想不到的商机。

餐饮业的人才不足问题突出，而“冷不防！牛排”提供了解决方法，即店铺要绝对提高劳动生产率，创造有荣誉感的职场环境，支付比其他地方更高的薪水，如期发放加班工资，以及让员工能证实自己的成长。

一言以蔽之，就是要进行正确的经营。这也许是理想之谈，但是想工作的人自然会来这样的店或公司上班。

“冷不防！牛排”的圈粉“肉程卡”

“冷不防！牛排”从 2014 年 7 月开始发行“肉程卡”。这是一种将吃过的牛排重量（g）计算成积分的机制，卡的工本费是

100 日元，名为“会员卡”。注册成会员的顾客在生日的当月可获赠 500 日元的优惠券。

累积 3000g（3kg）升级为“金卡”。升级时可以得到 1000 日元的优惠券。会员在每次生日的当月能免费得到 400g 美国牛前里脊肉（相当于 2000 日元）和 1 杯软饮料。

累积 20000g（20kg）升级为“白金卡”。升级时可得到 3000 日元的优惠券。会员来店消费时可免费得到包括酒在内的任何 1 杯饮料，生日当月可以免费得到 400g 自己喜欢的牛排。并且包括午餐在内的所有牛排都可以积分。如果每次点 300g 牛排，10 次就可以升级为“金卡”，60 次就可以升级为“白金卡”。

使用这个积分卡是偶然听到前来吃牛排的顾客之间的对话得到的启发。很多人都说“冷不防！牛排”的肉很美味，我也对此感到自豪，这也让常客们自豪不已，我想如果把顾客的“我已经吃了〇〇g 了”做成可视化的形式，他们说不定会喜欢。

好像有一家企业给我们公司的顾客赠送了预存 1000 日元的会员卡。它以这种形式来为“冷不防！牛排”圈粉，令我欣喜不已。

到 2015 年 1 月末，积分卡的发行数量累计达到 50692 张。

吃 20kg 以上的“白金卡”人数有 35 人。这些不是我们积极投入制作的结果，而是牛排这一简单的料理和积分卡兼容良好的缘故。把这种卡命名为“肉程卡”也是其受欢迎的原因之一。如果以“积分卡”命名是不可能取得如此成绩的吧。

为和员工共享信息所做的诸多尝试

我每天最重要的工作就是向员工传达我的想法以及理解并共享员工的想法。主要包括发行“公司内部报刊”、举行“早会”以及做“每日报告”。我接下来简略介绍一下都是怎样做的。

我认为“公司内部报刊办不下去的时候，天神会把这个公司收走的”，并严格要求自己一定要把公司内部报刊发行下去，这是我最重要的工作之一。为此，我一直坚持将应写的题材记在笔记本上。

公司内部报刊中最激励人心的是第一页的“总经理致言”，每月所写的内容是对总经理最近采取的行动、行动的目标和展望等进行翔实易懂的解释。每次有 2800 字，如果用 A4 大小的书写纸，相当于满满的 2 页，读起来耐人寻味。

2015 年 2 月 214 号是一份非常重要的资料，翻看一下当时的“总经理致言”，就能详细地了解本公司的足迹。

为了写每月一次的公司内部报刊，我需常常寻找话题

我写完当月要发表的内容就会马上去准备下个月的内容。所以我在笔记本上都要提前准备接下来要写的内容。都是些印象深刻的事情，比如说我身边发生的事情，虽然微不足道，却有很多，所以没有写不下去的时候。

其次是本公司每天早上举行的“早会”。早上 10 点开始大家一起宣读本公司的经营理念，之后是我用话筒讲话，并通过一种被称为“Gulfnet”的网络系统传达给日本各地的胡椒食品服务公司的员工们。目前的主题是“一日一善”，去深挖为别人做了什么好事，在日常生活中怎样做好事等。

早会之后是“站会”（Standing Meeting），骨干员工们围着我站成一排，与我共享信息。我向站在那里的每一个员工询问他们各自负责部分的进展情况。

比如我会询问："某某某，那件事是如何推进的？" 并且就此给出新的指令。因为所有部门的人都在场，所以大家可以共享任何部门的工作情况，还可以清楚其间过程。

通过日常交流实现"横向沟通"

再次是"每日报告"。专务、常务、理事、执行董事、部长、SV 约 30 人会把每天发生的事全部以书面形式报告给我。我每天都会看，所以能掌握公司的全部情况。公司一旦发生什么事，我能集公司全体的力量解决问题。"冷不防！牛排"从 2014 年 4 月末宣言要开 30 家分店以来，到 12 月 29 日如期开了 30 家分店，这正是因为平日的共享信息和全体人员的团结精神。

开店是一项团体战。也有人自告奋勇地说"请允许我提交每日报告"。写每日报告的员工不会对工作敷衍了事，能调动他本人的积极性。

另外，每个月还有一次"审查"。各位部长这一整天都被隔离起来，由总经理和董事听取他们的业务报告。让他们发表上个月的营业额和利润的完成情况，提交下个月的行动计划。再者，本公司每个月都让日本各地的店长来东京开一次

我常在开业当日鼓励店员们

店长会议。

虽说改变公司最快的手段是换总经理，但我这个总经理却换不掉。在持续经营条款生效期间，我总是开导自己如果我是那位新的总经理应该怎么做，并果断挑战新的改革方案。于是，对公司里原本被认为理所当然的东西全都进行了重新研究。

我将 2014 年命名为“大改革元年”，并开始了公司的内部改革。

在改革的过程中，我强烈地认识到了组织运营的重要性。在组织运营中常有一个“横向沟通”的说法，指的就是我们公司正在做的公司内部报刊、站会和每日报告。我认为坚持这样做下去很重要，应该成为公司的惯例。

通过这些活动的常规化，本公司培养了不少人才。我想这样就可以完全不用高薪聘请人才了，还可以一以贯之地由一个常务来管理营业部。

我这个总经理从来不一个人待在总经理办公室里，而是和员工们聚集在同一个楼层内，并和员工们一样设置办公桌。这样做可以听到楼层每个角落员工之间的谈话，掌握现阶段什么事项进展得如何了，还能看到员工之间的交流状况。

在交流通畅之后

如前所述，我通过全国网络系统给所有店铺传达“早会”的内容，它到底有什么样的效果呢？我来介绍一则逸事。

某一天，福冈分店的一位临时工到东京的本部来找我说“想成为一名正式员工”。他是专门买了飞机票来的。我很体谅他，决定与他面谈。在面谈中，他的话使我深受感动。

他的话头是我曾经在早会上主题为“一日一善”中提到的“扔快餐袋的故事”。

这个故事是这样的：

一天早上，我去跑步，途经一段与隅田川河面分岔处相连的台阶。当时台阶下有一位拿着快餐袋和可乐的人。当我从吾妻桥跑回樱桥方向经过刚才那个人待过的地方时，发现快餐袋和可乐杯被原封不动地扔在了那儿。我捡了起来，把杯子放进袋子里用力捏扁，扔到了便利店的垃圾桶里。任何人都会扔垃圾。但是我没有在那家便利店消费，却把垃圾扔到它的垃圾桶里，所以有点过意不去……就是这些内容，微不足道。

我认为在早会上讲这个故事是合适的。就我个人而言，自己身边发生的所有事情都可以作为早会的主题，我还经常收集这样的主题。

每天晨跑时会想到点子

从福冈来的这位年轻人认真听过我的这个故事，就连一些细节都记得很清楚。我喜上心头，于是让他入职了。这只是一个例子，我想说的是很多人会从临时工变为正式员工。

此后通过本公司员工介绍而入职的事例也越来越多。因为我们有给介绍人支付相应介绍费的机制，还有员工“想给公司介绍人才”的时机。这是公司拥有极佳工作环境的证明。

在 2014 年 8 月 19 日发行的公司内部报刊（208 号）上，我宣称：

“成为日本最想就职的餐饮公司。”

现在，我们公司的氛围良好。任何公司都有一些或大或小的问题，比如负债累累、商品不畅销、员工纷纷辞职等。我们公司都经历过这些问题和危机，并且得到了解决。现在虽然不能说我们公司没有任何问题，但具备坦然面对任何问题和危机的环境。

“冷不防！牛排”在不断开分店中变化

在开创“冷不防！牛排”一年之余的 2015 年，我计划开 53 家分店，于是我反复思考如何根据这一年多的经验来推进这一业态。

我接下来打算在有椅子，且不是20坪而是40坪的大型店铺里，尝试变更顾客的点单方式、停留时间和成本率。

商业满足人的欲望才有发展，食欲就是其中之一。由于信息技术（IT）的发达，人类的行动也越来越追求速度，可想而知，顾客将会追求与之相应的餐饮空间。也可以说这与以往常识中的饮食空间形成了两个极端。

确实有人想吃牛排，其中被分为想慢慢品尝和快速搞定两种需求。我认为这两种需求都存在商机。

这一想法也是来自“冷不防！牛排”的失误。在“冷不防！牛排”创立之初，我设想顾客的人均消费为3000日元。认为顾客站着吃也要1个小时左右，他还会喝点葡萄酒，吃点蒜香饭……不过我想只点牛排的人可能会很多，所以将顾客人均消费设定为3000日元左右。

但是开业后发现，顾客的人均消费为2000日元，停留时间为30分钟，顾客流动很快。虽然顾客的人均消费比当初预想的低，但是顾客都吃得很快，所以1个小时有4000日元，确保了较高的营业额和利润。

另外我还认识到了午餐的重要性。也有一天午餐营业额高达30万日元的店铺，在一个20坪的店里，其繁忙程度简直不敢想象。

“冷不防！牛排”的优势到底是什么？那就是专业的我创造了快速培养专业厨师的机制。另外还需要把握其生产率高的营业特性去开分店。

“冷不防！牛排”创立之初，因为地段极佳，所以也有月营业额高达 3000 万日元的店铺。由于地段不同，有些店铺的月营业额平均为 2000 万日元。随着店铺越来越多，可以想象有些店铺的平均月营业额将会是 1500 万日元。

这由各个地段的特性来决定，我们需要制订与之相应的收益模式。

“有些事情做了才知道”，这句话给了我敢于突破、勇往直前的勇气。

2015 年是更为关键的一年

2015 年是“冷不防！牛排”更为关键的一年。2014 年 4 月，“冷不防！牛排”在美国特拉华州成立了子公司“Kuni’s Corporation”，立志在美国开分店。同年探讨在纽约开分店，却没有实现，变成了调研和学习。但这是我的承诺，要在 2015 年实现在纽约开分店的目标。

我确信美国绝对有“冷不防！牛排”的需求，因为美国和日本的餐饮时间都在变短，且一个人吃饭的倾向越来越强。或许有人说美国人可能不习惯站着吃饭，但在酒吧里常常会见到他们站着喝波旁威士忌（Bourbon Whiskey）的情形，所以我认为他们早就有站着吃饭的习惯。

我在东南亚开的是“胡椒厨房”分店，在美国是“冷不防！牛排”分店。

按照计划，2015 年“冷不防！牛排”应该会开 83 家分店，所以现在需要进行新的尝试。

目前我正在思考开设落座式“冷不防！牛排餐厅”，并验证是否可行的问题。比如将如何使用本部培训中心形成制度，提高资格制度的精确度，创造与顾客对话时态度端正、零投诉的环境，起用女性员工到厨房等。

如果说“冷不防！牛排”在 2014 年播下了可能性的种子，那 2015 年就是期待其展示如何，公司如何发展的时候。或许有人认为这个验证的速度太快了，但是我深信本公司的人才和组织能力将会使其变为可能。

用过去 10 年的经验和学识实现下一次飞跃

我接下来想“上市东证一部”①。虽然我一直都有这个想法，

① 东证一部：东京证券交易市场第一部，相当于主板市场。

但是各种各样的问题和危机袭来，挫折不断。

不过，我拼命在自己行业内打拼，创办了“冷不防！牛排”，并且营业额和利润都得到了迅速提高，在东证一部上市也有了希望。

光说“要进军东证一部”是进不去的。只是把这种话挂在嘴边本来就是本末倒置。

在东证一部上市后员工会改变，我也会改变。具体而言，公司的股票会受人关注，公司的社会信用也会变化，还会有很多人来投资。恐怕在经营上必须如磐石一般稳重才行。

本公司在东证 MOTHERS 市场上市已经过了 10 年。然而我们公司的这 10 年不同于普通公司的 10 年，我们经历了大阪事件、O-157 型大肠杆菌中毒事件和持续经营条款等很多危机。之后的遵守法令（Compliance）和公司治理（Corporate Governance）都是由大家一起完成的。所以这 10 年来完全没有松懈过。

不管怎么说，我最大的幸福是员工们炯炯有神地喊我一声“总经理”。员工的快乐是我幸福的源泉。

对员工而言，让自己的老婆或恋人高兴，也是他们自身的幸福。这是“原理原则”。明白这一点，我们必然会重视自己的伙伴，也会认识到让店铺生意兴隆、让顾客高兴是让我们自己变幸福的“原理原则”。

一个企业的努力方向，就是拼命思考如何让来店消费的顾客再次光临，就是持续稳定地供应美味的肉品，对来店消费的顾客表达感谢之情。做一个商人，要彻底放低姿态，并认为是一件理所当然的事情而持续做下去。

结 语

我是一名72岁的现任总经理，掌握着领导权，员工们也都很协助我。我每天都有被认同的喜悦。我很清楚大家对我的期待。坦率地说，就是期待我讲述长期以来的工作业绩和梦想，如何实现梦想创造了公司的光明未来。

我18岁学习厨师积累技术，27岁成为一名拥有12个座位小店的经营者，这是我步入社会的开端。整整54年，我一直工作在第一线。

在以前规模小的时候，我涉猎了许多方面，而如今在规模壮大之后，我以最适合自己的总经理立场带头指挥公司。

我喜欢思考一些新东西，脑海中不断冒出很多创意。不过我最近有意识地避开与自己行业无关的东西。一些假想的创意一旦在脑海中成型，我就会认真思考是否有价值去实践。很多事情都是做了之后才明白的。

另外，我还自创了一句格言："登上山后，才能看到不同的风景和远山。"我多次向自己发起挑战，结果在本公司的运营能力上成为收益的支柱。

现在到了时代潮流大转折的节点，自以为是的商业不仅不会繁荣，也不会明白顾客的需求。只能说顾客在隐隐地等待着些什么。为了让他们一下子回归自我，引起他们的兴趣，该卖什么好呢？我会试着创造点东西并鼓起勇气拿出来询问世人的意见。但是，我们要以“如果是我的话会去那家店吗”这样自问自答的方式不断更新那座要攀登的山的高度。

人如果不竭尽勇气去获取答案，就不会改变任何东西。勇气来自哪里？来自对现状的不满足。“还能做得好一点”“还能做得更好一点”“走着瞧”，这是我55岁之前的立场，稍显过激。

什么是“原理原则”呢？

比如河水从高处流向低处，太阳东升西落。“原理原则”就是人无法违背的东西。

所以，孝敬父母、尊敬先祖、恭敬前辈、不说谎、要正直等都是绝对不能违反的。这些就是人活着的“原理原则”。我最近意识到，这样不断做下去就能有一个好的人生。

真正优秀的人是即使社会地位很高也不妄自尊大的人，是总把“谢谢”挂在嘴边的人。在这样的人身上有能让任何人都能感受到的德。

吊儿郎当的人一旦高升就会摆架子，且注意不到摆架子会降低自己的威信。多接触有德之人，就会遵循“原理原则”且泰然自若。要对他人衷心地说声“谢谢”，说多了就能理解什么是正确的人际关系了。

我接下来必须做的是将胡椒食品服务公司打造“成为日本最想就职的餐饮公司”。因为我已经向员工们做出承诺，所以一定要做到底。这是我毕生的事业和使命，也是最令我高兴的事。

公司步入正轨后，我会把接力棒交给身边的员工，并对他们说：“今后大家要继续让本公司成为日本最想就职的餐饮公司。”

为此，我今后还要开更多分店，并拓展到海外去。在前几天的早会上，我问“有人想去纽约吗?”，就有一个新入职的员工迅速举起了手说：

“我想早点去纽约!”

如果能好好地回报这样的员工，我想他会走上一个经营者应有的道路。

“和员工一起实现梦想的经营。”

这是本公司经营方针中的一句话。公司创业 45 年了，创立“胡椒厨房”有 21 年了，向“冷不防！牛排”这一新业态冲刺也有整整 1 年了，有资格说这样的话。

我要在本书的最后介绍一下本公司的“从容而笑”。它是被称为公司原点的“经营理念”、“公司宗旨”和“经营方针”的汇总，刊登在1997年5月15日发行的公司内部报刊创刊号上，遐迩皆知，之后根据时代和公司所处的环境变化修改过几次。现在的版本是2014年4月汇总的，全体员工都要掌握和响应。

我们公司每天都在追求“从容而笑”。

这个词是我们公司曾经临近上市的时候，罗多伦咖啡公司（Doutor Coffee）的创始人鸟羽博道送给我的。他说：

“一濑先生，只有做对了，上市才真的是好事。”

他的言外之意就是如果没做对将会很痛苦，所以我下定决心绝对不做无颜面对鸟羽先生的事，专心致力于事业。

所谓“从容而笑”（日语写为“正笑”二字），是指正确地做正确的事，成功后大家一起高兴时的笑颜。我心中谨记，企业要长存最重要一点就是这颗“从容而笑”的心。

本书执笔于2014年5月，这得益于商业界月刊杂志《餐饮店经营》主编千叶哲幸的劝诱。千叶先生在同年7月成了自由撰稿人，我便请他帮忙来指导我完成这本书。这次承蒙千叶先生的关照，我表示衷心的感谢。

我还要对每天奋斗在工作中的大家多说几句。偶尔的止步也是必要的，但最重要的是绝不能逃避加在自己身上的东西，要认真面对它。因为它必将培养出你前进的信心。

我也会把“Breakthrough”“突破!”的精神记在心底，今后继续努力工作，解决分内之事。

一濑邦夫

2015 年 2 月

从容而笑

——总经理的热切夙愿

我们公司属于餐饮业

对顾客要有招待之心，使之成为回头客

经营理念

顾客的笑容

供应商的笑容

让大家高兴是我的工作

还要让当地社会富裕起来

公司宗旨

感谢　创造　努力

经营方针

和员工一起实现梦想的经营

把店铺打扫干净

提供美味的料理

努力让顾客高兴

胡椒食品服务公司店训

1. 要把顾客当成我们的审查员，追求令他们更加满意的味道

2. 绝不向顾客销售毫无魅力的商品

3. 把顾客当成朋友或熟人，努力提供更加礼貌真诚的服务

4. 不要忘记对供应商的感谢之心

5. 平时对自己严加管理，总是以最好的状态面对工作

6. 考虑优先顺序，追求效率

服务九步曲

1. 欢迎光临

2. 好，明白了

3. 拜托了

4. 明白了

5. 让您久等了

6. 让您久等了

7. 请稍等

8. 对不起

9. 谢谢光临

安全宣言

我们

最先考虑

提供

让顾客放心食用的料理

宣誓

贯彻

食材管理、烹饪方法、洗手消毒

这一基本规则

和顾客的约定

我们热情问候

我们笑颜招待

我们注重仪表整洁

速度与品质

Quick and Quality

Q + Q =提高营业额

快速上菜

料理美味

今天也要笑颜招待

好！好！好！

服从誓约

第1条 作为本公司的一员，我遵守一切法令、条例及其他一切法律规范，保证在任何条件下都不进行违法行为。

第2条 作为本公司的一员，我遵守公司制定的一切规定、从业规则、伦理规定及其他一切公司内部规范，保证在任何条件下都不违反。

第3条 作为本公司的一员，我充分理解和尊重公司的伦理宪章，努力遵循公司的经营理念。

我充分理解并执行上述内容。

胡椒厨房简易餐厅　海外分店数量　191 家（2015 年 1 月）

新加坡	38 家	澳大利亚	6 家
印度尼西亚	38 家	马来西亚	6 家
中国	35 家	越南	5 家
菲律宾	23 家	中国台湾	4 家
中国香港	19 家	柬埔寨	1 家
泰国	15 家	中国澳门	1 家

胡椒食品服务公司创立的品牌

胡椒厨房简易餐厅	牛排	101 家
冷不防！牛排	牛排	32 家
92's　KUNI'S	汉堡牛肉饼 & 牛排	15 家
炭烤牛排　KUNI	牛排	8 家
牛舌仙台　NATORI	牛舌	12 家
炭烤牛肉汉堡牛排　KUNI	汉堡牛肉饼	4 家
高档炸猪排　KATSUKITEI	炸猪排	1 家
东京 636 汉堡	汉堡牛肉饼	1 家
武藏汉堡牛肉饼	汉堡牛肉饼	1 家
烤五花肉仙台　NATORI	烤五花肉	1 家
冷不防！五花肉	烤肉	1 家

《店铺防盗》：7 大步骤消灭外盗，11 种方法杜绝内盗，最强大店铺防盗书！

定价：28.00 元

《中小企业自媒体集客术》：教你玩转拉动型销售的 7 大自媒体集客工具，让顾客主动找上门！

定价：36.00 元

《敢挑选顾客的店铺才能赚钱》：日本店铺招牌设计第一人亲授打造各行业旺铺的真实成功案例

定价：32.00 元

《餐饮店投诉应对术》：日本 23 家顶级餐饮集团投诉应对标准手册，迄今为止最全面最权威最专业的餐饮业投诉应对书。

定价：28.00 元

《大数据时代的社区小店》：大数据的小店实践先驱者、海尔电器的日本教练传授小店经营的数据之道

定价：28.00 元

《线下体验店》：日本“体验式销售法”第一人教你如何赋予 O2O 最完美的着地！

定价：32.00 元

《医患纠纷解决术》：日本医疗服务第一指导书，医院管理层、医疗一线人员必读书！ 医护专业入职必备！

定价：38.00 元

《迪士尼店长心法》：让迪士尼主题乐园里的餐饮店、零售店、酒店的服务成为公认第一的，不是硬件设施，而是店长的思维方式。

定价：28.00 元

《女装经营圣经》：上市一周就登上日本亚马逊畅销榜的女装成功经营学，中文版本终于面世！

定价：36.00 元

《医师接诊艺术》：2 秒速读患者表情，快速建立新赖关系！ 日本国宝级医生日野原重明先生重磅推荐！

定价：36.00 元

《超人气餐饮店促销大全》：图解型最完全实战型促销书，200 个历经检验的餐饮店促销成功案例，全方位深挖能让顾客进店的每一个突破点！

定价：46.80 元

《服务的初心》：服务的对象十人百样，服务的方式千变万化，唯有，初心不改！

定价：39.80 元

《最强导购成交术》：解决导购员最头疼的55个问题，快速提升成交率！

定价：36.00元

《帝国酒店——恰到好处的服务》：日本第一国宾馆的5秒钟魅力神话，据说每一位客人都想再来一次！

定价：33.00元

《餐饮店长如何带队伍》：解决餐饮店长头疼的问题——员工力！　让团队帮你去赚钱！

定价：36.00元

《漫画餐饮店经营》：老板、店长、厨师必须直面的25个营业额下降、顾客流失的场景

定价：36.00元

《店铺服务体验师报告》：揭发你习以为常的待客漏洞　深挖你见怪不怪的服务死角　50个客户极致体验法则

定价：38.00元

《餐饮店超低风险运营策略》：致餐饮业有志创业者 & 计划扩大规模的经营者 & 与低迷经营苦战的管理者的最强支援书

定价：42.00元

《零售现场力》：全世界销售额第一名的三越伊势丹董事长经营思想之集大成，不仅仅是零售业，对整个服务业来说，现场力都是第一要素。

定价：38.00 元

《别人家的店为什么卖得好》：畅销商品、人气旺铺的销售秘密到底在哪里？ 到底应该怎么学？ 人人都能玩得转的超简明 MBA

定价：38.00 元

《顶级销售员做单训练》：世界超级销售员亲述做单心得，亲手培养出数千名优秀销售员！ 日文原版自出版后每月加印 3 次，销售人员做单必备。

定价：38.00 元

《店长手绘 POP 引流术》：专治“顾客门前走，就是不进门“，让你顾客盈门、营业额不断上涨的 POP 引流术！

定价：39.80 元

《不懂大数据，怎么做餐饮？》：餐饮店倒闭的最大原因就是“讨厌数据的糊涂账”经营模式。

定价：38.00 元

《零售店长就该这么干》：电商时代的实体店长自我变革。

定价：38.00 元

《生鲜超市工作手册蔬果篇》：海量图解日本生鲜超市先进管理技能

定价：38.00 元

《生鲜超市工作手册肉禽篇》：海量图解日本生鲜超市先进管理技能

定价：38.00 元

《生鲜超市工作手册水产篇》：海量图解日本生鲜超市先进管理技能

定价：38.00 元

《生鲜超市工作手册日配篇》：海量图解日本生鲜超市先进管理技能

定价：38.00 元

《生鲜超市工作手册副食调料篇》：海量图解日本生鲜超市先进管理技能

定价：48.00 元

《生鲜超市工作手册 POP 篇》：海量图解日本生鲜超市先进管理技能

定价：38.00 元

《日本新干线 7 分钟清扫奇迹》：我们的商品不是清扫，而是“旅途的回忆”

定价：39.80 元

《像顾客一样思考》：不懂你，又怎样搞定你？

定价：38.00 元

《好服务是设计出来的》：设计，是对服务的思考

定价：38.00 元

《让头回客成为回头客》：回头客才是企业持续盈利的基石

定价：38.00 元

《餐饮连锁这样做》：日本餐饮连锁店经营指导第一人

定价：39.00 元

《养老院长的 12 堂管理辅导课》：90%的养老院长管理烦恼在这里都能找到答案

定价：39.80 元

《大数据时代的医疗革命》：不放过每一个数据，不轻视每一个偶然

定价：38.00 元

《如何战胜竞争店》：在众多同类型店铺中脱颖而出

定价：38.00 元

《这样打造一流卖场》：能让顾客快乐购物的才是一流卖场

定价：38.00 元

《店长促销烦恼急救箱》：经营者、店长、店员都必读的“经营学问书”

定价：38.00 元

《餐饮店爆品打造与集客法则》：迅速提高营业额的“五感菜品”与“集客步骤”

定价：58.00 元

《赚钱美发店的经营学问》：一本书全方位掌握一流美发店经营知识

定价：52.00 元

《新零售全渠道战略》：让顾客认识到“这家店真好，可以随时随地下单、取货”

定价：48.00 元

《良医有道：成为好医生的 100 个指路牌》：做医生，走经由“救治和帮助别人而使自己圆满”的道路

定价：58.00 元

《口腔诊所经营 88 法则》：引领数百家口腔诊所走向成功的日本口腔经营之神的策略

定价：45.00 元

《来自 2 万名店长的餐饮投诉应对术》：如何搞定世界上最挑剔的顾客

定价：48.00 元

《超市经营数据分析、管理指南》：来自日本的超市精细化管理实操读本

定价：60.00 元

《超市管理者现场工作指南》：来自日本的超市精细化管理实操读本

定价：60.00 元

《超市投诉现场应对指南》：来自日本的超市精细化管理实操读本

定价：60.00元

更多本系列精品图书，敬请期待！